KB273865

간결한 말씀

간결한 말씀

팀 페런, 엠마 서전트 지음 | 서종기 옮김

북허브

아마 세상 대부분의 사람은 어떤 자리에서 자신감을 잃은 채, 무엇을 하고 어떤 말을 해야 할지 몰라 당황했던 적이 한 번쯤은 있을 것이다.

어떤 사람은 잘 모르는 누군가를 만날 때마다 불안감을 느끼기도 하고, 또 한두 사람 앞에서는 초면이라도 곧잘 대화를 나누지만 낯선 사람으로 가득한 모임 장소에서는 완전히 얼어붙는 사람도 있다.

지금 당신의 기분이 어떨지는 모르겠으나 어떤 상황에서든 편안하고 자신감 있는 태도로 사람들을 대하고 싶어서 이 책을 택했다면, 그야말로 옳은 선택을 한 것이다.

이 책은 여러분들로 하여금 더욱 자신감 있는 사회생활 영위와 타인과의 적극적인 대화를 가능하게 함은 물론, 사람들 앞에서 자기다운 모습을 드러내지 못하게 방해하는 장애물을 극복하고 여러 상황에 유연하게 대처하는 데 필요한 전략과 기술을 익히도록 도와준다.

우리 두 필자는 실용적인 내용과 다양한 연습 과제로 이 책을 구성했다. 제1장과 2장은 자신감을 키우기 위한 기초를 설명한다. 이어지는 제3장과 4장에서는 좋은 첫인상을 남기기 위한 준비 사항을 소개하고 타인과 쉽게 대화를 시작하는 방법, 빠르고 효과적으로 라포르(사람 사이의 신뢰 관계를 나타내는 심리학 용어로, 흔히 '마음이 통하는' 관계를 의미한다. 일체감, 정서적 유대감, 동질감, 친밀감, 신뢰감, 공감대 등을 느끼는 관계를 아우르는 표현이기에 여기서 꼭 어떤 의미가 맞는지 콕 집어서 말하긴 어렵지만, 이 책을 읽으며 라포르라는 말에 이 단어들을 대입해서 생각해도 큰 무리는 없을 것이다-역주)를 구축하는 전략과 기술을 이야기한다.

제5장과 6장은 직장에서 겪는 문제를 다루는 방법, 그리고 우리가 살면서 꼭 한두 번씩은 겪게 되는 '까다로운 상황'에 대처하는 방법을 제시한다. 제7장에서는 언제 말을 멈춰야 하는지를 이야기하며, 제8장에서는 자신을 빛내고 싶은 순간에 필요한 말과 행동 방식을 확인할 수 있다.

당신이 이 책을 읽으면서 이것 하나만큼은 꼭 기억했으면 한다. 바로 여기에 나오는 여러 전략과 기술을 다양한 상황에서 활용할 수 있다는 사실이다. 따라서 그 유용성을 알고 언제 어디서든 필요할 때 적절히 사용하길 바란다.

이 책에서 제시하는 몇 가지 방법이 처음에는 조금 이상하거나 거북한 느낌이 들지도 모르겠다. 아마 다들 그렇게 느낄 것이다. 하지만 생각과 행동에 변화를 요구하는 새로운 무언가가 이상하게 느껴지는 것은 너무도 당연한 일이다.

이 말이 무슨 뜻인지 바로 이해하고 싶다면, 다음 행동을 따라 해보기 바란다. 일단 평소처럼 팔짱을 껴라. 그리고 팔을 푼 다음 반대쪽으로 팔짱을 낀다. 만약 처음에 왼팔을 위로 올렸다면 다음에는 오른팔을 위로 올려야 하고, 그 반대의 경우도 같은 식으로 하면 된다. 어떤 느낌이 드는가? 이런 행동을 평소에 해보지 않았다면, 지금 당장은 조금 이상하고 혹은 불편한 느낌이 들지도 모른다. 하지만 몇 번 더 자세를 취해 보면 그 어색함은 금방 사라진다. 결국 이 책에 담긴 '내용물' 역시 그런 식이다. 그저 우리는 당신이 그것을 시도해 보고 꾸준히 익히기만을 바랄 뿐이다.

두 필자는 책에 소개된 각종 기술이 실로 효과적이라는 사실을 잘 안다. 우리는 직접 그 방법들을 사용해 봤고 수년간 수많은 이에게 소개하여 큰 성공을 거뒀다.

새로운 지식을 배울 때 으레 그렇듯이, 이 책을 읽은 후 아주 잠시 배운 대로 해보거나 아무 노력도 하지 않으면서 책 속의 기술이 왜 아무런 효과도 보이지 않는지, 또 왜 자신에게 아무 변화도 일어나지 않는지 의아하게 여기는 사람이 있을 것이다. 그리고 반대로 책 속의 말을 믿고 도전을 받아들여 꾸준한 연습으로 그것을 실생활에서 활용하는 사람이 있을 것이다. 우리는 부디 당신이 후자에 속하길 바란다.

세상은 지금과 크게 달라질 수 있고, 기회와 멋진 인간관계, 세상에서 가장 멋진 선물로 가득 찬 세계가 될 수 있다. 손을 내밀어라. 누구와 언제 이야기를 나눌지 직접 선택하고 모든 대화 속에서 인간이라는 놀라운 존재에 대해 더 많이 배우고자 한다면.

CONTENTS

Chapter 4

라포르 및 관계 형성 방법

How to build rapport and connect with anyone

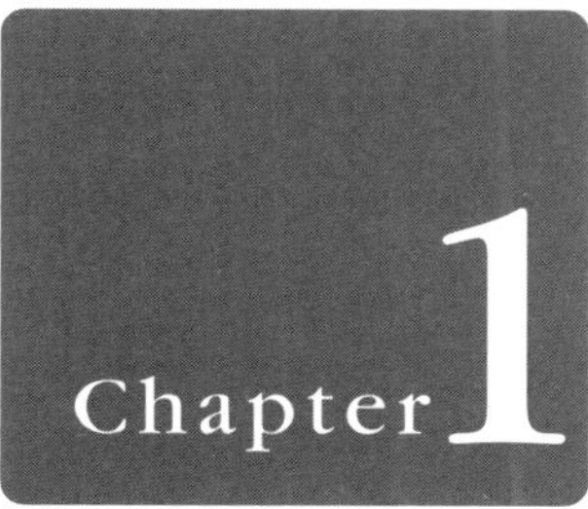

Chapter 1

누구에게나 자신 있게 말하는 비결

매우 고맙게도, 사람은 모두 다르다. 모든 이가 하나같이 똑같다면 삶이 얼마나 무료하겠는가. 하지만 한 가지 공통점은 존재한다. 바로 우리가 항상 의사소통을 한다는 사실이다. 인간은 이야기를 나누고 관계를 맺으며 살아가게끔 만들어졌다. 그러나 세상에는 이를 즐기지 못하고 자신이 대화와 관계 형성에 매우 서툴다고 여기는 사람들이 있다. 그리고 이런 이유로 우리는 종종 대화를 피하게 된다.

자신감을 잃고 대화를
주저하게 하는 요인은 무엇일까?

이 조사 작업에 참여한 사람들에게 질문을 던지자 매우 다양한 답변이 돌아왔다.

'별로 말할 게 없어요.'

'잡담에는 재주가 없어요.'

'말을 더듬거려요.'

'사람들이 저를 별로 좋아하지 않는 것 같아요.'

'괜한 소리를 하게 될까 봐 그래요.'

'사람들 앞에서는 제정신을 못 차리겠어요.'

'제가 하는 말에는 아무도 관심이 없을 거예요.'

'전 그리 재밌는 사람이 아니에요.'

'누가 저한테 질문하면 머리가 멍해져요.'

'남들이 저를 쳐다보는 게 싫어요.'

'사람들 가운데 서는 건 부담스러워요.'

'많은 사람 앞에서 말을 못 꺼내겠어요.' (여기서 '많다'의 기준은 사람마다 다를 수 있다. 독자 여러분의 생각에 따라 많다고 여겨지는 숫자를 떠올리기 바란다)

이어서 어떤 상황이 가장 곤혹스러운지 묻자 주로 다음과 같은 대답이 나왔다.

- 낯선 사람을 만날 때
- 의사, 선생님, 변호사, 직장 상사와 같은 권위자를 만날 때
- 각종 파티
- 네트워킹 이벤트(인맥 구축을 위한 사교 모임)
- 관혼상제와 같은 '의례'
- 불만을 토로할 때
- 직장에서의 회의
- 프레젠테이션
- 상대하기 까다로운 사람 또는 상황을 맞닥뜨렸을 때
- 두 사람 이상을 만나야 하는 모든 상황

어떤 이에게는 이것이 사소한 불편을 안겨 주고, 어떤 이에게는 자

신의 삶을 온전히 즐기지 못하게 방해하는 요소가 되기도 한다. 또 누군가에게는 승진이나 성공적인 직장 생활을 막는 장벽으로 작용하기도 한다. 그러다 결국은 사회생활(여기서 말하는 사회생활은 사람이 모이는 모든 상황을 뜻한다) 자체가 고통이 되고 만다.

그렇다면 왜 이런 상황을 꺼리게 될까? 여기에는 여러 가지 이유가 있다.

- 스스로 재미없는 사람이라고 여기고 남들보다 능력이 부족하다고 여길 때
- 자신감과 자존감의 결여 – 이는 종종 과거의 부정적인 경험에서 유래한다.
- 무엇을 어떻게 해야 할지 모를 때 – 대화 참여, 라포르 형성, 자신감 있게 말하기, 질문 방법 등을 잘 모를 때
- 두려움과 불안 – 우려하던 바가 현실로 나타날까 걱정하는 것

이 중에서 어떤 경험을 했든 간에 이 책에는 독자 여러분에게 도움이 되는 내용이 가득하다. 그럼 지금부터 앞서 이야기한 내용과 관련해서 몇 가지 사항을 살피고 당장 활용할 수 있는 효과적인 전략을 알아보자. 일단 자세한 내용은 차후에 확인하기로 하고, 여기서는 당신과 필자 모두의 바람대로 신속하게 이 주제를 다뤄 볼까 한다.

 간결한 말씀

# 생각이 현실을 만든다

우리가 관심을 집중한 대상이나 상황이 현실로 나타난다는 사실은 이미 많은 사례를 통해 너무나도 잘 알려져 있다. 이를테면, 어떤 상황에서 얼마나 두려움과 불안을 느낄지 염려하면 실제로 그런 상황에 처했을 때 바로 그러한 감정을 겪게 된다는 뜻이다!

여기서 가장 먼저 해야 할 일은 자신감을 잃고 말문이 막히는 원인을 파악하는 것이다. 무엇을 어찌해야 할지 잘 모르는 것이 문제라면, 이 책에 등장하는 모든 전략과 각종 도구 및 기술이 해법을 안겨줄 것이다. 이 방법을 받아들이고 열심히 숙달한다면, 그 효과를 빠르게 체감할 것이 분명하리라. 또한 이것이 '대단히 복잡한 일' 이 아니며 심리학을 통달하지 않아도 각종 방안을 실천할 수 있음을 깨닫게 된다(정말 다행스럽지 않은가!). 당신은 그저 응용하기만 하면 된다.

만약 자신의 가치를 과소평가하거나 자신감이 부족한 경우라면,

이 문제를 바라보는 새로운 관점과 함께 책에 소개된 각종 기법이 도움될 것이다.

두려움과 불안을 다룰 때도 이는 크게 다르지 않다.

캐서린의 이야기

캐서린은 회의 중에 사람들의 시선이 자신에게 향하는 것을 싫어한다. 그런 상황이 닥치면 말문이 막혀 아무 말도 못 하는 경우가 빈번했기 때문이다. 그런데 회의에서는 누가 질문을 던지면 꼭 대답을 해야 하기에, 그녀는 늘 회의 시작 전에 긴장한다. 그래서 두 필자는 이렇게 물어봤다. "캐서린 씨는 자신이 언제부터 긴장감을 느끼고 왜 그런지 아시나요?" 그 순간, 캐서린은 혼란에 빠졌다. 그때까지 그녀는 그런 상황에서 스스로 감정을 선택할 힘이 있는지 전혀 몰랐기 때문이다. 그녀는 단지 '감정이 신경의 지배를 받는다.'고만 생각해 왔다. 우리는 캐서린이 답을 찾을 때까지 지속적으로 물음을 던졌고, 그 질문을 곱씹어 본 그녀는 업무 일지에서 '회의'라는 단어를 보는 순간부터 자신이 긴장한다는 사실을 깨달았다. 우리는 이런 현상을 여러 차례 확인한 바 있다. 누구든지 특정 상황에서 긴장감이나 불안을 느낄 때, 그 자리에는 그 감정을 촉발하는 일종의 '방아쇠'가 존재하기 마련이다. 그리고 그 방아쇠는 언제나 시각이나 청각을 통해 당사자에게 다가온다. 캐서린에게는 그것이 일지에 적힌 '회의'라는 단어였다. 이 사실을 깨달은 그녀는 긴장감을 느끼는 그 순간에 자신의 감정을 선택할 수 있음을 이해했다. 어떻게? 그녀는 우리가 다음 장에서 소개한 몇 가지 기법을 생활 속에서 실천했다.
그리고 캐서린은 아래의 연습 과제를 수행했다. 이는 자신감을 잃게 하는 모든 상황 앞에서 간단히 수행할 수 있는 과제다.

나는 실제로 어떤 생각을 할까? 현실을 점검해 보자.

외출하기 전에, 아래와 같이 표를 그려 정리해 보자.

지금 나는 어떤 생각을 하는가	정말 그렇다	실은 그렇지 않다	잘 모르겠다

첫 번째 세로줄에는 앞으로 겪을 상황에 대한 당신의 생각을 모두 적는다. 가령, 지금까지 한 번도 만난 적 없는 사람들이 참석하는 파티에 간다고 가정해 보자.

'아마 나한테 말을 거는 사람은 아무도 없을 거야.'

'끔찍한 시간이 되겠지.'

'사실은 날 초대할 마음이 없었을 거야.'

'다들 끼리끼리 모일 테니 딱히 나랑 이야기를 나눌 사람은 없을 거야.'

물론 이것은 예시일 뿐이다. 표에는 당신의 생각을 기록하라!

그다음에는 자기 상태를 가장 잘 표현한 칸에 체크 표시를 한다.

정말 그렇다 : 자기 생각이 옳다는 확실한 증거가 있을 때 선택한다.

실은 그렇지 않다 : 자기 생각이 틀렸다는 확실한 증거가 있을 때 선택한다.

잘 모르겠다 : 그야말로 해답이 나오지 않을 때, 자기 생각이 옳은지 그른지를 가려낼 증거가 없을 때 선택한다.

이 방법을 활용하면 생각보다 이 문제를 그리 걱정할 필요가 없음을 알 수 있다!

　두 필자는 이러한 두려움과 불안감이 현실적인 문제임을 잘 알고 있다. 방금 설명한 방법으로 당신의 근심이 하룻밤 사이에 사라지리라 생각하지도 않는다. 다만, 그냥 주저앉은 채 걱정만 하지 말고 관점을 바꿔 더욱 긍정적으로 그 상황을 바라보라는 것이다. 세상에는 우리의 경험을 일변시키는 다양한 사고방식이 있으며, 인간관계 형성 능력에 큰 차이를 안겨 주는 전략과 기술이 존재한다.

자신 있게 사회생활을 즐기는 방법

아마 당신은 사회생활을 하면서 늘 자신감이 충만한 사람들을 만나 봤을 테고, 그들을 보며 대체 어떻게 그럴 수 있는지 또 어찌해야 그리되는지 궁금했을 것이다. 이와 관련, '괜히 건방진 척하면 위험하지 않을까?' '그런 행동을 하면 나답지 않은 것 아닐까?' '과연 내가 그렇게 할 수나 있으려나?' 등의 생각을 할 수 있다.

사람을 대할 때 늘 자신만만한 사람과 그렇지 못한 사람은 크게 다음 네 가지에 대한 인지 여부에 따라 구분된다.

- 어떤 사고방식이 필요한지
- 자신의 욕구가 무엇인지
- 자신 있게 행동하는 방법이 무엇인지
- 무엇을 해야 할지

우리는 앞으로 이 장에서 이러한 내용을 개략적으로 확인할 것이며, 처음에 제시된 두 가지, 즉 '어떤 사고방식이 필요한지'와 '자신의 욕구가 무엇인지'를 알기 위한 수행 방법은 제2장에서 더 자세히 살펴볼 예정이다. 그리고 이 책의 나머지 부분에서는 '자신감 있게 행동하는 방법이 무엇인지'와 '무엇을 해야 할지'를 이해하는 데 필요한 모든 내용을 제시한다.

그럼 이제부터 신나는 여행을 떠나 보자! 부디 즐거운 경험을 하기 바란다.

# 어떤 사고방식이 필요한지 알자
– 믿음의 힘

모든 사람에게는 자신의 경험을 선택적으로 걸러 내고 생각과 행동을 좌우하는 일련의 믿음이 있다. 자신만만하게 사회생활을 하는 사람들에게는 낯선 사람 앞에서 자신감을 잃는 이들과 다른 믿음이 있을 터이다.

그런데 한 가지 다행인 점은 우리의 사고와 행동에 미치는 영향력을 조정할 수 있는 힘이 우리에게 있다는 사실이다. 간단히 말해서, 믿는 바를 바꾸면 곧 행동이 바뀐다.

그렇다면 믿음이란 무엇인가? 믿음은 무엇인가가 정말로 현실이 될 수 있다고 여기는 우리의 생각이다. 인간의 모든 경험은 이 믿음을 통해 선택적으로 걸러진다. 다시 말해 자신의 믿음에 합치하는 정보에는 집중하고 그렇지 않은 정보는 등한시한다는 뜻이다. 이렇게 믿음이 여과 작용을 일으키면 생각 역시 영향을 받으며, 몸과 마음,

행동까지 함께 움직인다. 결과적으로 믿음은 인생에 커다란 영향을 미친다. 그렇기에 쓸데없는 믿음을 바꾸면 사회생활을 하면서 겪는 여러 가지 상황에 대한 시선과 감정도 완전히 바꿀 수 있다.

하지만 대개 믿음이란 마음속에 깊이 뿌리를 내린 채 오랫동안 변함없이 남는 법이다. 사람이 무의식적으로 끊임없이 자신의 믿음이 참이라는 증거를 찾는 이유가 바로 여기에 있다. 믿음의 순환 구조(그림 1.1)는 믿음이 행동에 미치는 영향을 잘 보여준다.

예전에 두 필자는 자신이 많은 사람 앞에서 프레젠테이션을 잘 못한다고 믿는 여러 성인 남녀를 대상으로 연구를 수행한 적이 있다. 그들은 발표 임무를 맡았을 때 이런 반응을 보였다.

- 믿음 : '난 프레젠테이션을 잘 못해.'
- 생각 : '안 돼. 누가 나 대신 발표 좀 해줬으면 좋겠어. 발표는 진짜 싫은데. 정말 죽겠네.'
- 상태 : 긴장, 불안감, 울렁거림을 느낀다.
- 행동 : 발표 중에 긴장감을 느낄 경우, 당사자는 청중과 눈을 마주치지 않으려 하고 지나치게 빠른 속도로 혹은 머뭇거리며 말하거나 숨을 몰아쉰다. 또한 청중과 교감을 잘 이루지 못하고 메시지를 자신감 있게 전달하지 못한다.
- 결과 : 청중의 집중력이 떨어지고 자신감 없는 발표자라는 인상을 남김과 동시에 발표의 설득력도 떨어진다.

결과적으로 이 과정을 통해 프레젠테이션에 재주가 없다는 발표자
의 믿음은 더욱 공고해진다.

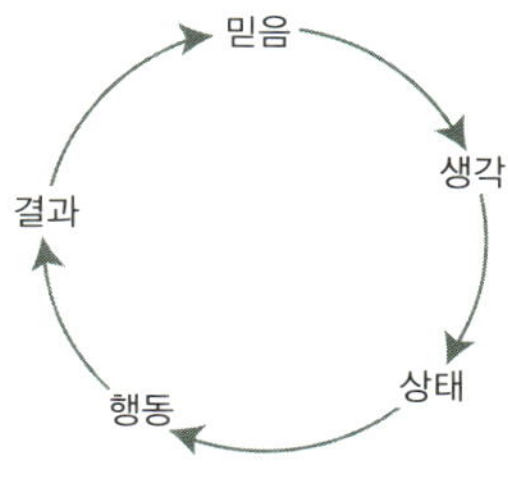

[그림 1-1] 믿음의 순환 구조

이렇듯 행동이 낳은 결과는 원래의 믿음을 뒷받침하게 되며, 결국
처음에 자신이 믿던 바가 옳다는 것을 증명하는 셈이다. 다음 이야기
를 한번 살펴보자.

리처드의 이야기

리처드는 서비스업 종사자 모두가 자신에게 바가지를 씌우려 한다고 여
긴다. 아마 그는 과거에 그런 믿음이 형성될 만한 일을 경험했거나, 부모
님 또는 그에게 큰 영향을 미친 어른으로부터 그러한 사고방식을 이어받
았을 것이다.

그런데 서비스업 종사자에 대한 부정적인 인식이 이어지면서 리처드에게
는 많은 문제가 발생했다. 상점·음식점·자동차 정비소 등지에서 점원
과 이야기를 나눌 때 그는 이미 상대방을 부정적인 눈길로 바라보고 있
었다. 또 그는 바가지를 덮어쓰지 않으려고 늘 방어적인 자세를 취했다.

사람은 자신이 뭔가에 서툴거나 재주가 없다고 믿으면 대개 그 단점을 입증하는 사례에만 집중하고, 실제로 뛰어난 능력을 증명하는 일은 대수롭지 않게 여긴다. 아마 다들 꽤 훌륭한 솜씨를 발휘하고도 자기 실력이 그리 대단치 않다고 말하는 사람을 본 적이 있으리라. 얼마 전에 플루트 8급 자격을 취득하고 이렇게 말하는 친구가 있었다. "플루트 실력이 그리 뛰어나지 않아도 8급 시험은 쉽게 통과할 수 있어." 과연 그 말이 진짜일까?

어떤 이들의 믿음은 이미 너무나 굳건히 뿌리를 내린 탓에 주변 사람이 거기에 휘말리기도 한다. 두 필자가 아는 어떤 여인은 남들이 절대로 그녀가 원하는대로 행동하지 않는다고 굳게 믿고 있다. 또 그녀는 늘 상대방이 약속을 어기리라 생각한다. 그리고 그녀의 그런 사고방식 때문에 얼마 전부터 두 필자에게는 정말로 우리가 그녀에게 약속한 바를 이행하지 않는 것 같은 기분이 들기 시작했다!

결국 무엇을 믿든 간에, 그 내용이 긍정적이든 부정적이든, 결국 당신은 자기 생각이 옳다는 증거를 찾게 된다.

그렇다면 자신감이 가득한 이들에게는 어떤 믿음이 있을까? 우리가 조사한 몇 가지를 열거해 보면 다음과 같다.

- 사람을 만나는 일은 즐겁다.
- 사람을 만난다는 말은 새로운 것을 배운다는 뜻이다.
- 사람은 각자 다르기에 만남은 매우 흥미롭다.
- 모든 이에게는 그만의 특색이 있다.
- 사람은 남들이 자신의 말을 들어주길 바란다.
- 사람과 사람 사이에는 공통점이 있기 마련이다.
- 모든 이에게는 귀 기울여 들을 만한 특별한 이야기가 있다.
- 다소 '까다롭게' 구는 사람일지라도 그 바탕에는 (그들에게 타당한) 명확한 의도가 존재한다.
- 내게는 모든 대화에 기여할 수 있는 능력이 있다.

 ## 자신의 욕구가 무엇인지 알자
- 성공을 이끄는 네 가지 비결

어떤 분야에서든 노력으로 성공을 이룩한 이들에게 한 번 물어보라. 그들은 자신이 원하는 바를 항상 명확히 알았으며 지금도 그것을 안다고 대답할 것이다.

수년간 두 필자는 매우 효과적이고 자신 있게 대화하는 달변가들을 비롯하여 각계에서 큰 성공을 거둔 이들과 함께 일하면서, 그들의 행동 방식이 매우 유사하다는 사실을 발견했다. 그들은 모두 다음과 같은 성공의 지침을 따른다.

첫 번째, 진정 원하는 것을 생각하고, 원하지 않는 것은 떠올리지 않는다.

두 번째, 원하는 바가 이뤄진 상황을 미리 머릿속에 그린다.

세 번째, 원하는 것을 얻었을 때 자신과 주변 사람들에게 발생할 긍정적·부정적 결과를 생각한다.

네 번째, 반드시 직접 행동하며, 그 행동의 책임이 자신에게 있음을 안다.

그럼 이제 그 속을 자세히 들여다보자.

성공한 이들은 진정 원하는 것을 생각하고, 바라지 않는 것은 떠올리지 않는다

당신은 스스로에게 뭔가를 금지하는 명령을 내려 본 적이 있는가? 만약 그런 적이 없다면 지금 한번 시도해 보라. 먼저, 분홍색 코끼리를 생각해서는 안 된다고 명령을 내린다. 어떤 일이 일어났는가? 분명히 당신은 그 생각을 하지 말라는 명령 이전에 코끼리를 떠올렸을 것이다!

이 과정은 정말 중요하다. 그 이유가 뭘까? 바로, 금지 대상이 언어로 표출되지 않아도 우리 머릿속에서는 그대로 그려지기 때문이다. 스스로 뭔가를 하지 말라고 명령하면, 먼저 우리는 그 현상이나 대상을 생각해야 한다. 결국 원하지 않는 것을 떠올리라고 자신에게 지시하는 셈이다.

이번에는 다음 문장을 생각해보자.

'오늘은 절대로 케이크를 먹지 말아야지.'

'부장님 앞에서 화를 내면 안 돼.'

'길을 걷다가 넘어지지 않으려면 조심해야겠지.'

'대화 중에 할 말이 없어지면 안 되는데.'

이 문장을 읽으면서 머릿속에 어떤 그림이 그려졌는가? 아마도 케이크를 먹고, 상사와 논쟁을 벌이고, 길에서 넘어지고, 얘기할 소재가 다 떨어진 모습이 떠올랐을 것이다! 무엇을 상상하든 간에 그것은 당신의 무의식을 향해 그 행동을 하라는 명령으로 작용한다.

사람은 원하지 않는 대상을 생각하기 전까지 그것을 생각하지 않겠다는 생각을 할 수 없다!

이 점을 고려하면 자신에게 이런 명령을 내리는 편이 훨씬 효과적이다.

'오늘은 몸에 좋은 음식을 먹을 거야.'
'오늘은 부장님 앞에서 차분하고 공손한 태도로 말해야지.'
'발밑을 잘 살피며 걸어야겠어.'
'늘 대화 중에 뭔가 할 말이 생길 거야.'

이런 생각을 함으로써 우리는 자신이 원하지 않는 현상 혹은 대상 대신 진짜로 바라는 것을 상상하게 된다.

그럼 잠시 당신이 평소에 실제로 일어나길 바라는 일을 머릿속에 그리는지, 아니면 그렇지 않은 일을 그리는지 한번 생각해보라. 바로 여기서부터 큰 차이가 생겨난다.

이제부터 당신이 진짜 원하는 것을 생각하라. 종이에 이렇게 적어 보자. '이 방법이 내 생각과 삶에 매우 큰 영향을 미칠 수 있다.'

성공한 이들은 바라는 바가 이뤄진 상황을 미리 머릿속에 그린다

여기서는 위대한 복싱 선수 무하마드 알리(Muhammad Ali)의 이야기가 그야말로 안성맞춤이 아닌가 싶다. 그는 상상력을 이용해 이른바 '미래의 역사(Future History)'를 창조했다.

알리는 다음 대전 상대가 정해지는 그 순간부터 홀로 경기를 준비하기 시작했다. 여기서는 그가 11월 4일에 매디슨 스퀘어 가든(Madison Square Garden)에서 소니 리스튼(Sonny Liston)과 맞붙는다고 가정해 보자.

그는 승리를 거두기까지 필요한 모든 과정을 상상하며 경기 당일 경기장에 도착해 탈의실에서 옷을 갈아입는 모습, 링 위로 걸어 올라가 상대와 주먹을 나누는 모습 등을 머릿속에 그렸다.

그리고 그 상상을 '온몸'에 심어 넣기 위해, 알리는 시합에서 날릴 온갖 펀치와 각종 몸동작을 연습했다.

그렇게 예행연습이 끝나면, 그는 그 과정을 수초 안에 모두 떠올릴 수 있도록 상상과 연습을 반복하고 또 반복했다. 이후 잔뜩 모인 언론사 기자들 앞에서 이렇게 이야기했다. "이 경기는 4라운드 내에 끝날 겁니다." 놀랍게도 알리의 예언은 현실이 되었다.

물론 그도 패한 적이 있었다. 그때 어떤 기자가 '미래의 역사' 에 담긴 힘을 의심하며 질문을 던졌고, 알리는 이렇게 답했다. "상대방이 그려낸 미래의 역사가 제 것보다 더 강했던 겁니다!" 이는 승리가 정신에서 비롯됨을 믿는 챔피언의 훌륭한 본보기라 할 수 있다.

성공한 이들은 원하는 것을 얻었을 때 자신과 주변 사람들에게 발생할 긍정적·부정적 결과를 생각한다

달리 말하면, 손에 넣길 바라는 무언가가 나와 내 주변의 소중한 존재에 합당한 것인지 고려한다는 뜻이다. 성공한 사람들은 더욱 먼 미래를 내다보며 이런 질문을 던진다. '이 목표를 이루면 어떤 일이 일어날까? 지금 내가 가진 것 중에서 포기할 것이 생길까? 내 주변에는 어떤 영향을 미칠까, 또 그럴 만한 가치는 있을까?'

결과는 목표를 향해 움직이는 데 매우 강력한 동기를 부여한다. 결과에서 아무런 흥미를 느끼지 못한다면, 사람은 굳이 행동할 필요성을 떠올리지 못한다. 그러나 가능한 모든 결과를 고려하여 능동적으로 사고할 때, 자신이 바라는 변화를 일으키고 행동하려는 강한 의욕이 생긴다. 물론 이 책을 읽는 당신에게는 자신 있게 사회생활을 하는 모습이 최종 결과일 것이다.

어떤 곳에서 누가 있든 간에 완전히 마음을 놓는다는 것은 과연 어떤 느낌일까? 그리고 그런 감각이 함께할 때 우리 인생은 어떤 결과를 맞이할까?

성공한 이들은 반드시 직접 행동하며, 그 행동의 책임이 자신에게 있음을 안다

사람은 오로지 그 자신의 행동에만 책임을 진다. 제아무리 날고 긴다 해도 남의 행동을 일일이 지정해 원하는 모습을 만들어 내거나 그 결과를 예측하기란 불가능하다.

결국 다른 무엇보다 나 자신에게 눈을 돌려야 한다. 나를 향한 타인의 행동을 바꾸는 방법 중에서 그보다 나은 길이 또 있을까?

자신감 있게 행동하는 방법이 무엇인지 알자

앞에서 우리는 특정한 행동을 이끄는 사고방식에 대해 이야기했다. 그림 1.1 믿음의 순환 구조에서 살펴봤듯이, 생각은 우리의 감정에 영향을 미치고 이는 곧 행동으로 나타난다.

자신감이 넘치는 사람들은 사회생활에서 자기감정을 제어할 줄 알며, 혹여 긴장감을 느끼더라도 그리 크게 신경을 쓰지는 않는다.

사실 엄밀히 말하면, 사람의 행동은 거의 전적으로 감정 상태와 거기서 파생된 결과에 의존한다고 할 수 있다. 우리는 다음 장에서 감정이 생각의 변화로 말미암아 어떻게 변화하는지 살펴볼 것이다.

자신감이 가득한 사람들은 무엇을 하더라도 자신만만하게 보인다. 아마 다들 그런 사람을 한 번쯤은 본 적이 있을 것이다. 그럼 질문을 하나 던져 보겠다. 과연 우리는 그들의 자신감을 어떻게 알아채는가?

물론 자신감의 실체를 '파헤치는' 작업은 좀 더 나중에 할 일이지만, 우선 여기서 맛보기로 다음 과제를 해보자.

Exercise

자신감이란 무엇일까?

'과연 나는 남들의 자신감을 어떻게 알아채는가?' 이 질문에 대한 생각을 한번 적어보자.

그들의 특징은 무엇인가? 말투에서 뭔가 느껴지는 것이 있는가, 혹은 그 말투가 자신감의 요소라는 생각이 드는가?

이 질문의 답을 보기 편한 곳에 적어 두자. 이 내용은 나중에 다시 확인할 것이다.

무엇을 해야 할지 알자
– 참여의 원칙

끝으로 우리는 각 상황에서 해야 할 일과 효과적으로 소통하는 방법을 다룬 실전 지식을 살펴볼 것이다. 여기에는 다음과 같은 내용이 포함된다.

- 대화에 참여하는 방법
- 상대방에게 생각의 요지를 이해시키는 방법
- 자기 의견을 당당히 주장하는 방법
- 자기가 원하는 방식으로 의사를 전달하는 방법
- 타인의 말을 경청하는 방법
- 타인에게 관심을 표하는 방법
- 상대의 기분을 좋게 하는 방법
- '다소 까다로운' 상황 · 사람들에게 대처하는 방법

• 참가한 행사를 적절히 활용하는 방법

• 빠르고 효과적으로 라포르를 구축하는 방법

• 더욱 깊은 수준의 인간관계를 형성하는 방법

지금까지 자신만만한 달변가들의 비법을 알아보았다. 이번에는 이들의 전략을 직접 우리 생활에 적용해 볼 시간이다.

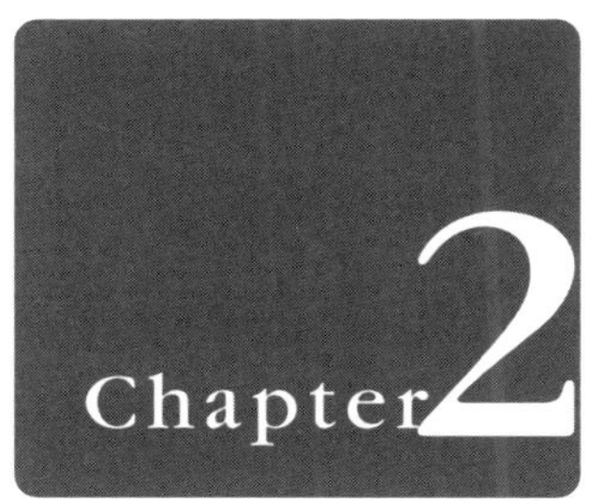

모든 것은 나로부터

이 장에서 당신은 어떤 상황에서든 자신감을 충분히 발휘하는 방법을 터득하게 될 것이다.

어쩌면 지금 머릿속에는 이런 생각이 맴돌지도 모른다. '언제 어디서든 사람 앞에서 말 잘하는 방법을 가르쳐 준다더니 이게 무슨 소리야? 당장 나한테 필요한 것부터 알려주면 안 돼?' 글쎄, 그런 방법을 쓸 수도 있겠지만, 일단 한 가지 알아둘 것이 있다. 이 책이 제시하는 각종 전략과 기술의 활용 능력은 자신감이 충만한 상태에서 극대화된다는 사실이다. 어떤 행동이든 자신 있게 시도할수록 성공 가능성은 그만큼 더 커지는 법이다.

그렇다면 자신감은 어디서 나오는 것일까? 대체 무엇이 우리에게 자신감을 안겨 주고, 또 무엇이 우리의 기를 죽일까? 믿음이 우리의 생각, 심신 상태, 행동에 엄청난 영향을 미친다는 점을 고려하면, 아무래도 이 문제의 탐구는 여기서부터 시작해야 하지 않을까 싶다.

어떤 사고방식이 필요한지 알자
– 믿음의 힘을 활용하라

진정 자신감이 충만한 대화의 달인이 되려면 자기 머릿속에, 또 다른 사람들의 머릿속에 어떤 생각들이 가득한지 알아야 한다. 즉, 나와 타인이 어떻게 정보를 받아들이고 어떻게 생각을 체계화하여 각자의 내면 세계를 구축하는지 이해하고, 외부 세계를 어떤 시선으로 보는지 알아야 한다는 말이다.

우리는 여기에 왜 중요한 의미를 부여하는가? 일단 개인 특유의 생각과 내적 경험을 어떻게 창조하는지 이해하면, 자신이 원하는 대로 그것을 바꿀 수 있음을 함께 깨닫기 때문이다.

우리 연구에 참여한 이들 중 대부분은 자신에게 아무런 선택권이 없다고 여겼다. 제1장의 사례에 등장한 캐서린처럼 그들은 이렇게 말한다. '저는 원래 그래요. 옛날부터 사람 만나는 일/윗사람과 대화하는 일/내 생각을 똑바로 전하는 일/야무지게 말하는 것/파티를 즐기는 것/여러 사람 앞에서 말하는 일은 잘 못했어요.' 그들은 이런 모습이 언제나 계속되리라 믿는다.

이 이야기가 남의 일 같지 않은 당신에게 아주 멋진 소식 한 가지를 전할까 한다. 만약 진정 원하기만 한다면 바로 이 불운한 광경을, 그것도 손쉽게 바꿀 수 있다는 것이다. 하지만 변화를 일으키려면, 우선 그때 그 순간 자신이 어떤 생각을 하고 어떤 감정을 만들어 내는지 알아야 한다. 그리고 이번 장의 목적은 바로 거기에 있다. 이 일련의 과정을 이해하면 다음을 알게 된다.

- 주변의 각종 정보를 이해하는 방법
- 정보를 선택적으로 걸러 내는 방법
- 생각이 만들어지는 기제
- 생각과 신체 반응의 상호 작용으로 감정이 생성되는 기제
- 감정이 행동에 영향을 미치는 기제
- 이와 같은 과정이 무의식적으로 일어나는 이유

인간의 감각 기관은 수많은 정보의 소용돌이 속에 놓여 있다. 매 순간 수백만 가지 정보가 시각, 청각, 촉각, 미각, 후각을 통해 우리에게 전달된다. 그러나 우리가 의식적으로 한 번에 집중할 수 있는 정보는 대략 일곱 가지로, 여기에 이따금 한두 가지 정보가 추가되거나 빠지거나 하는 정도다. 그러니까 감각이 좀 날카롭다 싶은 날은 아홉

가지, 반대로 좀 둔하다 싶은 날은 다섯 가지 정도를 일시에 파악할 수 있다는 뜻이다. 어렸을 때 기억 게임(memory game)을 해본 적이 있는가? 이 놀이에서는 쟁반 위에 무작위로 올린 여러 가지 물건을 보고 짧은 시간 안에 그 자리에 무엇이 있었는지 기억해 내야 한다. 그런데 실제로 게임 도중에 8~9개 이상의 물건을 기억해 내는 사람은 매우 드물다.

한 번 직접 시험해 보라. 각자 술 이름을 모두 대보는 것은 어떨까? 잠시 시간을 내서 어떤 종류가 있는지 떠올려 보자.

결과가 어떠한가? 당신의 경험이 두 필자와 크게 다르지 않다면 아마 처음 다섯~아홉 가지는 매우 빠르게 머릿속에 떠올랐을 것이고, 그 다음 몇 가지를 생각하는 데는 조금 더 시간이 걸렸을 것이다. 어쩌면 그중에는 증류주, 포도주, 맥주처럼 큰 분류로 묶어서 생각한 사람도 있을 터이다.

이렇듯 우리는 늘 수많은 정보를 접하지만, 그중에서도 주의를 기울일 수 있는 정보는 매우 한정되어 있다. 그러면 나머지는 어떻게 되느냐고? 그냥 삭제될 따름이다. 정확히 말하자면, 나머지 정보는 반드시 지워져야 한다. 그렇지 않으면 우리 머릿속의 컴퓨터가 과부하에 걸려 망가지고 말 것이다.

때때로 우리는 서로 의견을 일치시키려고 정보를 왜곡하기도 한다. 가령 친구와 어딘가를 함께 갔는데 나중에 이야기하다 보면 두 사람이 경험한 바가 완전히 다를 때가 있지 않은가? 같은 시간에 같은 곳에 있었는데도 그런 상황이 벌어지면 내가 그때 내 기억대로 정말 그랬는지 확신하기가 어렵다!

또한 사람에게는 경험을 일반화하는 능력이 있다. 일반화는 배움을 통해 습득된다. 우리는 어릴 적에 문을 여는 방법을 배웠고, 다른 문을 열 때도 과거에 익힌 바를 그대로 적용한다. 만약 문을 볼 때마다 여는 방법을 새로 배워야 한다면 어떤 일이 벌어질지 상상해 보라!

이렇게 인간의 모든 경험은 크게 삭제, 왜곡, 일반화라는 세 가지 처리 과정을 겪는다.

그런데 여기서 생기는 가장 큰 의문은, 내면에서 일어나는 이 모든 과정 중에 대체 무엇을 집중적으로 살펴야 하느냐는 것이다. 이는 어떤 여과 장치로 경험한 바를 바라보느냐에 달렸다. 그렇다면 경험을 여과하는 장치란 무엇이냐? 여기에는 우리의 믿음, 가치관, 기억, 선호도, 흥미 등이 포함된다. 요컨대 과거와 현재의 경험을 상징하는 모든 요소를 뜻한다.

모든 여과 작용은 우리가 자각하는 의식 밖에서 일어난다.

요약 : 사람이 어떤 일을 경험할 때, 과거의 다양한 경험을 통해 형성된 여과 장치가 현재 유입되는 모든 정보를 선택적으로 걸러 낸다. 이 여과 장치는 우리가 집중하는 대상이 무엇인지 확인하고 수많은 정보를 줄이고 또 줄인다. 이 작업의 결과, 우리 마음속에는 해당 경험에 대한 내적 표상(생각)이 형성된다.

이러한 내적 표상(表象)은 이미지(시각), 소리(청각), 각종 느낌(근감각), 맛과 냄새로 구성된다. 인간은 기억에 근거해 생각을 떠올리며 상상을 통해 아직 겪어보지 못한 사건의 내적 표상을 만들어 내기도 한다.

사람이 일상 속에서 어떤 사건을 어떻게 받아들일지 결정하는 것은 바로 이 내적 표상이다. 어떨 때는 이것이 성공으로 이끌기도 하지만, 또 어떨 때는 제약이 되기도 한다.

그럼 여기서 내적 표상이 어떻게 작용하는지 한 번 검증해 보자. 지금 당장 어떤 상황을 떠올려 보는 것이다. 낯선 사람이 많은 어떤 모임에 참석해 그들과 어울려야 한다고 상상해 보라. 당신 머릿속에는 어떤 모습이 그려지는가? 또 어떤 생각이 떠오르는가? 그리고 그 영상과 함께 어떤 소리가 들리는가?

우선 이런 모임에 관한 내적 표상은 과거에 겪었던 여타 유사한 경험의 영향을 받는다. 그리고 이와 같은 행사에 대한 각자의 믿음이 여과 장치로 작용한다. 당신은 이런 행사가 즐겁다고 생각하는가, 아니면 어떻게 해서든지 피하고 싶은 일이라고 생각하는가? 경험의 여과 현상은 자신과 모임 장소에서 만나는 사람들의 관계에 대한 믿음을 통해서도 일어난다. 과연 그들이 당신을 반길 것 같은가, 아니면 아는 사람끼리만 모여서 이야기를 나눌 것 같은가?

이렇듯 우리의 내적 표상은 각종 이미지, 소리, 느낌, 맛, 냄새 등으로 이뤄져 있다.

 간결한 말씀

이러한 여러 가지 생각은 우리의 태도 및 신체 반응에 영향을 미친다. 만약 앞서 언급한 모임 같은 곳에 참여하기를 겁낸다면, 당신의 모습과 행동은 그런 행사를 기꺼이 반기는 사람과 크게 달라 보일 것이다.

이와 반대로 우리의 몸 역시 생각에 영향을 미친다. 고개를 푹 숙이고 땅바닥을 쳐다보기보다 숨을 깊이 들이마시고 당당한 자세를 취하면, 사람들 앞에 나서는 것을 더욱 긍정적으로 생각하게 된다.

내적 표상 + 신체 반응 = 상태

내적 표상이 신체 반응과 결합한 것을 상태 혹은 감정이라고 한다. 다음 두 가지 예시를 살펴보자.

예시 1

나는 지금 어떤 네트워킹 이벤트에 참가하러 가는 중이다. 그곳에는 내가 한 번도 만나 보지 못한 사람들이 많이 참석한다고 한다. 지금 나의 내적 표상은 다음과 같다. 나는 그곳에 모인 사람들이 미소 짓고 모임을 한껏 즐기며 열린 마음으로 나를 반기는 모습을 상상한다. 내 귀에는 활발하게 대화를 나누는 소리가 들린다. 그리고 금방 새로운 사람들을 사귀는 내 모습이 그려진다. 나는 그들과 한데 모여 함께 사업을 구상하고 앞으로의 협력 가능성을 논의할 것이다.

이런 생각을 하자 얼굴에는 미소가 번지고 마음이 훈훈해지는 느낌이 든다. 동시에 가슴이 뛰기 시작한다.

나는 지금 어떤 네트워킹 이벤트에 참가하러 가는 중이다. 아마 이미 서로 잘 알고 지내는 고령의 사업가들이 나오지 않을까 싶다. 다들 한데 모여서 왁자지껄하게 떠들 텐데 그런 곳에서 어떻게 사람들과 교제를 해야 할지 모르겠다. 나만 혼자서 할 일 없이 서 있겠지. 내 소개를 한다고 해도 과연 누가 관심이나 보일는지.

이런 생각을 하자 고개가 푹 숙여지고 어깨가 축 처지며 숨까지 가빠진다. 그리고 걱정스러운 마음이 들기 시작한다.

내적 표상에는 매우 강력한 힘이 존재한다. 만약 '매사를 부정적으로 바라보는' 여과 장치를 달고 사는 사람이라면, 대개 그는 인생에서 맞이하는 나쁜 측면에 주의를 기울일 것이다. 한 마디로 이런 사람의 내적 표상은 일이 꼬인다고 여기는 쪽으로 형성되기 쉽다. 늘 하는 일이 잘되지 않는다고 생각하면 왠지 몸이 무거운 느낌이 들고 긴장감을 느끼거나 근심에 빠져들기도 하며, 심하면 우울증을 겪기도 한다. 과연 늘 이런 상태로 살면서 일이 제대로 풀릴 리가 있을까?

만약 '매사를 긍정적으로 바라보는' 여과 장치를 달고 산다면, 그 사람은 인생의 좋은 측면에 관심을 기울일 것이다. 그리고 늘 일이 잘된다고 여기는 내적 표상이 형성되면 결과적으로 일상에서도 긍정적인 태도와 감정이 배어 나온다. 이렇게 밝고 건설적인 자세로 느끼고 행동할 때 이런저런 일들이 잘 풀릴 가능성은 더욱 크다.

생활 속에서 겪는 소소한 일이 잘되길 바랄 경우, 그것이 이뤄진 순간을 상상하는 것은 큰 도움이 된다. 다음과 같은 상황이 적절한 예가 아닐까 싶다.

- 새집으로 막 이사하고 이웃집에 초대되어 동네 사람들을 만날 때, 그들이 나를 따뜻하게 반기며 편히 대하는 모습을 그린다.
- 상사와 직접 대면할 일이 있을 때, 대화가 원만하게 진행되리라 상상한다.
- 네트워킹 이벤트에서 낯선 사람들을 많이 만나게 될 경우, 함께 웃으며 모임을 즐기는 모습을 상상한다.
- 동료나 고객 앞에서 프레젠테이션을 잘하길 바란다면, 그들이 내게 집중하고 발표에 적극적으로 참여하는 모습을 머릿속에 그린다.

이 방법을 사용하면 목표를 달성하고자 몸과 마음이 모두 준비를 갖추게 되므로 상상을 현실로 이루기 더욱 쉬워진다. 원하는 것을 얻고 성취한다는 내적 표상이 형성되면 우리 몸이 좋은 반응을 보이게 되고 긍정적이며 적극적인 마음가짐이 생겨나기 때문이다. 이렇게 밝고 활기찬 느낌이 함께할 때 우리 스스로 바라는 결과를 향해 움직일 가능성이 가장 커진다.

생각의 결과인 심신의 상태는 이후의 행동에 영향을 미친다. 즉 행동은 언제나 상태의 영향을 받는다.

앞에서 이야기한 네트워킹 이벤트로 돌아가 생각해보자. 당신은 모임에 참석하는 일 때문에 걱정이 될 때 어떤 행동을 하는가? 혹은 반대로 모임이 매우 기대되어 기분이 좋을 때는 어떻게 행동하는가? 후자처럼 밝은 마음 상태에서는 다른 참석자들의 긍정적인 반응을 더 쉽게 알아챌 수 있다. 나 자신이 현재 관심을 기울이는 대상이 바로 그런 것이기 때문이다.

심신 상태를 제어하는 방법은 사람이 살면서 반드시 익혀야 하는 필수 기술이다. 지금부터는 감정 조절에 매우 효과적인 방법을 몇 가지 살펴볼까 한다.

내가 원하는 것이 무엇인지 알자

현재의 나

사회생활 속의 자기 모습에 대해 적어 보자.

- 나는 나 자신을 어떻게 생각하는가?

- 나 자신을 어떻게 설명하고 싶은가?

- 남들은 나에 대해 어떤 설명을 할 것 같은가?

이제 제1장의 연습 과제로 자신감 있는 사람들의 특징을 기록했던 그 내용을 다시 확인해 보자.

나 그리고 자신감

앞의 두 가지 연습 과제의 결과를 비교해 보고 각각의 답변에 주목해 보자.

- 어떤 차이가 있는가?
- 자신감이 넘치는 이들의 특징 중에서 가장 몸에 익히고 싶은 것은 무엇인가?

자신감이 가득한 사람들의 특징에 대해 당신이 기록한 내용과 두 필자의 연구에 참여한 이들의 기록에 큰 차이가 없다면, 아마 종이 위에는 이런 단어가 적혀 있을 것이다.

카리스마와 개성이 있어서 주의를 끈다. 명쾌함, 편안하게 행동함, 목소리가 좋음, 유머 감각, 듣기 쉽게 말한다, 박식함, 침착, 상대방과 공감을 하며 대화를 나눔 등

때로는 이 목록이 참으로 사람 기를 죽인다. 그러나 이 놀라운 소통의 달인들이 어떤 비법을 사용하는지 알고 싶다면, 눈앞의 커다란 도전 과제에 짓눌리지 않고 반드시 속까지 깊숙이 파고들어 그 실체를 파악해야 한다.

'원하지 않는 것이 아니라 원하는 것을 생각하라.'

Exercise

미래의 '나'를 만들자

이제 평소에 자신감을 잃게 하는 여러 가지 상황에서 당당하게 행동하는 자기 모습을 그려보자. 한마디로 훌륭한 결과물을 만들기 위한 틀을 짜는 것이다.

왜 굳이 이런 상상을 해야 할까? 왜냐하면, 자신이 바라는 결과를 명확하고 강력하게, 또 풍부하고 자세하게 미리 머릿속에 그리는 사람이 그렇지 않은 사람보다 목표를 달성할 가능성이 훨씬 크기 때문이다. 아마 능수능란한 달변가 중 누구에게 물어도 그들은 아래의 물음에 금방 해답을 제시할 것이다.

이제 조용한 장소에서 이 과제에 천천히 집중해 보자. 스스로 다음 질문을 던져라.

- 어떤 상황에서 조금 더 자신감을 발휘하고 싶다는 생각이 들 때, 다른 사람들 눈에 내가 어떻게 비치길 바라는가?
- 내가 주변 사람들에게 어떤 영향을 미치길 바라는가?
- 나와 만나서 이야기를 나눈 사람들이 나를 어떻게 느끼고 평가하길 바라는가?
- 내가 원하는 결과를 얻기 위해 어떤 노력을 할 것인가?

목표를 이룩한 그 순간을 미리 떠올려 보자

이러한 물음의 답을 생각하면서 당신이 창조할 미래 역시 충분히 연상하라. 편히 앉아 느긋한 마음으로 눈을 감고 생각하는 것도 도움이 될 수 있다. 모든 사람 앞에서 자신 있게 말하는 모습을 상상하며 그 미래 속으로 자신을 던져 넣어라.

- 주변에 무엇이 보이는가?
- 사람들은 내게 어떤 반응을 보이는가?
- 그들의 미소, 긍정의 끄덕임, 나를 향한 호의를 느끼고 살펴보라.
- 내말에 상대를 귀 기울이게 하고 내가 그들의 말에 집중하기가 얼마나 쉬운지 깨달아라.
- 그들은 내게 어떤 말을 하는가?
- 내 말을 이해하고 흥미를 보인 이들이 어떤 질문을 하는가?
- 나를 향한 사람들의 찬사에 귀를 기울여 보자. 기분이 어떠한가?
- 그들과 함께할 때 얼마나 마음이 편안하고 자신감이 넘치는지 느껴 보자.
- 나로 말미암아 주변 사람들에게 긍정적인 영향이 미칠 때 얼마나 큰 즐거움이 따르는지 느껴 보자.

대화의 달인이 되는 길은 바로 여기서부터 시작이다!

매일 연습하라

부디 이 과제를 매일 연습하기 바란다. 이 과정을 처음부터 끝까지 반복하는 데 5~10분 정도밖에 걸리지 않지만, 이는 당신의 자신감 수준에 긍정적인 변화를 불러일으키고 이전과 눈에 띄게 큰 차이를 만든다.

이 연습을 통해 풍부하고 가치 있는 경험을 창출하고 상상하는 바가 반드시 이뤄진다고 믿어라. 모든 과정을 마치고 나면 두세 번 더 연습을 반복하라. 그럴 때마다 연습은 더욱 쉬워질 테고, 나중에는 언제 어디서든 상상을 통해 원하는 바를 순식간에 그려내고 경험할 수 있을 것이다.

또한 이 연습을 할 때는 당신만의 목표를 생각해야 한다. 현재 당신이 가장 힘겹게 여기는 상황이 무엇이든 간에, 이 연습법은 확실한 성공을 준비하는 데 도움이 된다.

그럼 미래를 향해 한 걸음 더 발을 내딛어 보자.

'목표를 이룬 모습을 생각하라.'

Exercise

결과

- 모든 사람에게 자신감 있게 말할 수 있는 능력을 키울 때, 장기적으로 어떤 결과가 나타날까?
- 이 결과는 나와 내 주변 사람들에게 어떤 긍정적인 영향을 미칠까?
- 이 결과를 달성하는 데 방해되는 요소가 있는가? 만약 그렇다면 그 문제를 극복하기 위해 무엇이 필요한가?

'반드시 직접 행동하고 그 행동에 직접 책임을 져라'

자신감에 찬 대화의 달인이 되고 싶다면, 그 목표와 관련된 모든 책임을 홀로 짊어져야 함을 깨달아야 한다. 물론 이 책이 효과적인 전략을 알려주고, 친구나 직장 동료가 유용한 조언을 하거나 도움을 주기도 하겠지만, 실제로 변화를 일으킬 수 있는 사람은 오직 당신뿐이다.

국가, 인종, 직업 등을 막론하고 크게 성공을 거둔 인물은 자신을 모든 사건과 행동의 '원인'으로 여긴다. 달리 말해서 인생에서 겪는 수많은 일과 거기서 나타나는 다양한 반응에 스스로 책임을 진다는 뜻이다.

그들은 삶의 모든 순간마다 늘 그 선택권이 자신에게 있음을 안다. 그런 사람들은 눈앞의 사건과 사람들에게 어떻게 반응해야 할지 스스로 결정을 내린다. 이 점을 자각하고 행동하는 것이야말로 진정 자신감 가득한 이들의 속성이라 할 수 있다.

변화를 만드는 방법

그렇다면 지금 이 자리에서 우리가 꿈꾸는 그곳에 당도하려면 무엇을 어떻게 해야 할까?

일단 당신은 스스로 바라는 미래의 '나'를 설정함으로써 그 첫 단계를 이미 실행에 옮겼다. 현재 앞으로의 자기 모습을 의식적으로 그리고 있기에 목표의 실현 가능성은 이전보다 커진 상태다. 어째서 그렇단 말인가? 바로 마음속으로 이상적인 자신이 되기 위한 연습을 마쳤기 때문이다.

이제 당신은 머릿속으로 상상한 여러 가지 멋진 일을 실현하고 과거에 자신감을 잃게 했던 수많은 상황에 이를 적용하게 될 것이다.

하지만 그전에 다음 내용을 먼저 살펴보자.

위의 단어들을 보면 어떤 생각이 드는가? 어떤 것은 다른 단어와 어감이 조금씩 다르지 않은가? 어떤 문제를 두고 여러 사람과 논쟁을 하는 경우와 단순히 잡담을 나누려고 할 때의 느낌이 같을까? 또 허심탄회한 이야기와 토론에서 과연 같은 느낌이 들까?

우선, 어떤 대상이 표현되는 방식에 따라 우리가 받는 느낌이 달라진다는 점부터 이해하도록 하자. 요즘 두 필자는 업무 프레젠테이션에 대한 공포심에서 벗어나고 싶어 하는 이들을 대상으로 어떤 연구를 하고 있다.

만약 당신도 이런 문제를 겪는다면, 프레젠테이션을 대화라는 단어로 한 번 바꿔 생각해보고 어떤 변화가 나타나는지 지켜보라. 우리에게 상담을 의뢰한 이들 중 몇 명은 이 단순한 방법만으로도 태도와 자신감 측면에서 큰 변화를 보였다.

사회생활을 하며 겪는 여러 상황도 크게 다르지 않다. 아래와 같은 자리에 참석한다고 할 때 당신은 어떤 반응을 보이는가?

- 파티
- 고객과의 면담
- 친목 모임
- 업무 회의
- 연회
- 만찬회
- 조촐한 간담회
- 자선 행사
- 무도회
- 기업 간 회의
- 세미나
- 네트워킹 이벤트
- 사외 교육

어떤 차이가 느껴지는가? 분명히 상황마다 느낌이 다를 테고, 그에 따라 우리의 사회적 자신감 역시 달라진다.

변화를 만들자

앞의 목록에서 평소에 조금 더 자신 있게 대처하고 싶었던 상황을 선택하거나 각자 나름대로 특정 상황을 떠올려 앞서 수행한 연습 과제 〈미래의 '나'를 만들자〉에 적용해 보고 이번 장을 마무리하자.
가령 곧 있을 만찬회 참석이 걱정된다면, 이 상황을 지난 과제에 그대로 대입하여 모든 과정을 처음부터 끝까지 연습하는 것이다.

불안감을 없애는 데 가장 좋은 방법

1. *일이 순조롭게 진행되는 모습을 상상하라* : 이 내용은 이미 앞에서 설명한 바 있다.

2. *부정적인 이미지를 밀어내라* : 불안감을 야기하는 대상, 즉 앞으로 맞닥뜨릴 상황 혹은 만날 사람을 떠올려라. 대상의 이미지를 가능한 한 명확하게 머릿속에 그린다. 이어서 그 이미지를 먼 곳으로 밀어내고, 점점 그 모습이 작아짐과 동시에 당신의 느낌과 상태가 달라지는 것을 확인하라.

3. *자신감을 얻는다* : 이제 이어지는 제3장에서 자신감을 키우고 유지하는 아주 멋진 방법을 소개하겠다.

## Chapter 3

대화의 기초

처음으로 낯선 사람들과 이야기를 나누는 모습을 생각만 해도 불안해진다면, 걱정할 것 없다. 다들 친구와는 아무렇지 않게 대화를 나눈다는 것에 그 해답이 있으니까. 일단 이 점을 생각해보라. 지금은 허물없이 친하게 지내는 이들도 한때는 전혀 모르는 사람들이었다는 사실을. 실제로 가족을 제외하면, 모든 관계는 나와 낯선 사람의 만남에서 시작되었다. 이렇게 생각하면 사회생활에서 경험하는 모든 모임과 행사는 훗날 친구가 될 사람들을 만나는 기회라고 할 수 있다.

그럼 이제 이런 의문이 떠오를 것이다. 어떤 행사든지 기쁘게 받아들이고 즐기려면 무엇을 어떻게 해야 하고, 또 그때 활용할 수 있는 전략에는 어떤 것들이 있을까?

가장 중요한 것을 가장 먼저

앞 장의 내용을 통해서 우리는 큰 성공을 거둔 달변가들이 항상 머릿속에 어떤 결과를 그린다는 사실을 알게 되었다. 그리고 이 방법을 우리 삶에 적용할 때, 아주 단순한 의문 한 가지가 떠오른다. 나는 무엇을 원하는가?

참가한 행사나 모임에서 무엇을 달성하고 싶은가? 그 자리를 떠날 때 자신이 원하던 결과가 성취되었는지 어떻게 알 것인가? 이런 의문은 다소 형식적이고 사무적인 느낌을 주지만, 사실은 어디에든 손쉽게 적용할 수 있다. 다음과 같이 목표를 세우는 것이다.

- 파티 – 이런 자리는 스스로 결정을 내려 참석할 가능성이 크므로 행사를 한껏 즐기는 데 주력한다.
- 업무 회의 – 적어도 다른 부서 사람 3명과 이야기한다.

- 만찬회 – 다른 참석자들과 관련된 새로운 지식을 적어도 한 가지 정도는 알아낸다.
- 자선 행사 – 이 행사가 개최된 이유를 비롯해 가능한 한 많은 관련 정보를 확인한다.
- 무도회 – 전혀 알지 못하는 누군가와 춤을 춰 본다.
- 기업 간 회의 – 처음 만나는 다섯 사람과 연락처를 주고받고, 가장 흥미로운 주제를 언급한 사람 중에 적어도 한 사람과 직접 이야기를 나눈다.
- 네트워킹 이벤트 – 참가자 명단을 확인한 후 새로 관계를 맺고 싶은 사람을 결정한다.
- 사외 교육 – 교육 내용에 집중하고 첫날 점심시간에 다른 참가자 3~5명과 친해진다.

물론, 일부러 너무 무리할 필요는 없다. 목표만 명확하게 설정한다면 자신의 모습이나 평소에 자주 느끼던 불안감, 긴장감보다 다른 사람들에 대한 관심을 자연스럽게 가지게 될 것이다.

# 흥미로운 사람이 되는 비결

놀랍게도, 우리가 흥미를 느끼고 다시 만나길 바라게 되는 사람은 대개 자기 이야기를 주로 하는 사람이 아니라 상대방에게 관심을 보이는 사람이다. 아마 당신은 주변으로부터 무슨 말을 해도 늘 지루한 친구에 대해 들어봤거나 그런 인물을 직접 만나 본 적이 있을 것이다. 물론 누구든 간에 자신이 그런 평가를 받길 바라진 않을 터, 그렇지 않은가?

그래서 우리는 만나는 사람들, 그들의 삶과 환경, 그들이 좋아하는 것 등에 관심을 보여야 한다. 세상에 그만큼 사람을 기쁘게 하고 또 더 오랜 시간을 함께하고 싶도록 하는 것은 없기 때문이다. 당신은 이런 경험, 그러니까 어떤 모임에서 모든 이의 시선을 끄는 듯한 기분을 느낀 적이 있는가? 그 느낌은 어땠는가?

얼마 전에 줄리라는 친구가 필자들에게 남자 친구인 데이비드와 함께 어떤 파티에 참석했다는 이야기를 했다.

우리는 이렇게 물었다. "파티는 어땠어요?"

그녀는 다소 못마땅하다는 말투로 대답했다. "흥, 데이비드한테는 천국이었죠!"

"무슨 일이 있었어요?"

'파티에 도착해서 저랑 데이비드는 늘 그렇듯이 따로 사람들을 만났어요. 저는 여자들과 수다를 떨고, 데이비드는 자기 친구들하고 농담하며 노는 식이었죠.

그런데 좀 지나서 보니 데이비드가 바네사라는 여자랑 이야기하고 있더라고요. 바네사는 거기서 처음 봤는데 정말 끝내 주게 예쁘고 몸매도 좋더군요! 그래서 괜히 살짝 걱정이 됐어요. 그런데 또 잠시 후에는 데이비드가 수랑 한참 이야기를 하더라고요. 수는 예전에 지나가면서 본 적이 있는데 솔직히 그리 예쁘지는 않아요. 아무튼 그날 저녁 내내 데이비드는 코빼기도 보기 어려웠어요. 마침 그를 찾았다 싶으면 그때마다 다른 여자가 앞에 있었죠!

그렇게 파티가 끝나고 집으로 가는 길에 그에게 재밌게 놀았는지 물어봤죠.

"그래, 진짜 재밌더라."

저는 이렇게 또 물어봤어요. "흠, 바네사는 어땠어?"

"뭐 그럭저럭. 그런데 말이지, 수는… 진짜 괜찮은 애더라!"

그 말을 듣고 제가 오히려 놀랐죠.

“걔 어디가 그렇게 마음에 든다는 거야?”

“잘 모르겠어. 그냥 흥미로운 사람인 것 같아.”

그래서 무엇 때문에 수가 그렇게 흥미로운지 물어보니까 정작 데이비드는 그녀에 대해 아는 바가 거의 없었어요. 오히려 뭐가 놀라운지 아세요? 수는 제 남자 친구에 대해 거의 모든 걸 알고 있더라고요! 아마 데이비드 혼자서 거의 말을 다 한 모양이에요. 그걸 다 듣느라 수도 고생깨나 했겠죠!

이 짧은 이야기는 우리에게 매우 중요한 사실 한 가지를 알려준다.

‘남에게 관심을 보이는 사람은 그 사람으로부터 관심을 받는다!’

이 말인즉슨, 우리가 남에게 관심을 보이고 상대를 알려고 노력하면 우리 자신도 그들의 흥미를 끈다는 뜻이다. 그리고 이 방법은 누군가를 만날 때를 대비해 수천 가지나 되는 흥미로운 화젯거리를 머릿속에 담아두는 것보다 훨씬 쉽다. 휴, 이 얼마나 다행스러운 일인가!

일반적으로 사람은 어떤 모임이나 행사 참가에 앞서, 유창하게 말하는 능력이 가장 중요하고 그에 따라 남에게 평가를 받는다고 여기며, 호감을 사기 위해 남들을 웃기거나 즐겁게 하는 능력이 꼭 필요하다고 자신을 얽어맨다. 하지만 두 필자의 경험을 되돌아봤을 때, 그런 능력만으로 성공을 거둔 사람은 정말, 매우 극소수에 불과하다.

물론 세상에는 말솜씨만으로도 사회에서 성공을 거둔 사람들이 있다. 하지만 그런 이들은 극히 드물고, 그 능력과 기술 자체도 노력보다는 타고난 것일 때가 많다.

결국 선천적인 능력이 없는 나머지 사람들은 유용한 전략을 배우고 꾸준히 연습하여 활용하는 수밖에 없다. 사실 이것은 다른 기술을 배우는 것과 다를 바가 없다. 생각해보라. 세상에 타고난 능력만으로 성공을 거둔 스포츠 스타가 얼마나 될까? 반대로 끝없는 연습으로 정상에 선 이들은 얼마나 될까? 또 리허설 없이 바로 무대 위에 서는 배우가 과연 얼마나 있을까? 세상일은 그리 쉽게 돌아가지 않는다. 그들이 최고의 자리에 선 이유가 바로 연습에 있다면, 우리도 그 점을 본받는 것이 당연한 이치일 것이다.

그럼 이제 모든 상황에서 유용하게 사용 가능한 전략을 몇 가지 살펴보도록 하자.

 출발점

사람들 앞에서 자신감을 잃는 이들의 가장 큰 걱정거리 중 한 가지는 바로 할 말 자체가 없는 것이다. 그리고 이런 걱정이 심해져 정작 입을 떼야 할 순간이 오면 그들은 그냥 얼어붙고 만다. 실제로 얼마 전 필자에게 상담을 요청한 어떤 사람은 이렇게 말했다. '그냥 머리가 하얘져서 무슨 말을 꺼내야 할지 모르겠어요.'

앞서 이야기한 운동선수와 배우들 이야기를 다시 생각해보자. 우리는 위대한 업적을 이끌어낸 비결이 '첫째도 연습, 둘째도 연습, 셋째도 연습'임을 깨닫고 이것을 자연스럽게 몸에 익혀야 한다. 물론 우리가 어떤 큰 '업적'을 이루려는 것은 아니지만, 그들의 노력 속에는 분명히 지혜로운 방편이 존재한다. 자, 이제 연습을 시작해 보자!

새로운 사람들을 만나는 상황을 한 번 생각해보자(많은 사람이 대체로 이런 경우를 가장 어렵게 여기기에 이 내용을 가장 먼저 살펴보기로 했

다). 그럴 때 우리는 어떤 질문을 가장 많이 받을까? 아마도 이런 것들
이 아닐까 싶다.

- 당신은 누구십니까?
- 어떤 일을 하시나요?
- 어디 사세요?
- 폴과 몰리를 어떻게 아시죠?

앞의 질문을 자세히 뜯어보기 전에 할 일이 있다.
바로 자서전을 쓰는 것이다!
펜과 종이를 챙겨서 마음을 가다듬고 30분 정도 한자리에 진득히 앉아
당신의 인생 이야기를 적어 보라. 물론 《전쟁과 평화》 같은 작품을 쓰
라는 소리는 아니다. 그저 당신 삶에서 굵직굵직한 사건을 기록해 보라
는 뜻이다. 너무 깊이 생각할 필요도 없다. 그냥 생각이 가는 대로 적으
면 된다.

2년 전 어느 날 저녁, 팀과 함께 술을 마시던 한 여성 직장 동료는
그에게 인생 이야기, 이를테면 자신의 직업을 선택하게 된 계기라든
가 개인적인 사연 같은 것들을 듣고 싶다고 했다. 사실 그때 팀은 남
에게 자신의 이야기를 하는 것이 별로 익숙하지 않았다. 그래서 그는

그녀가 이야기 듣는 것을 포기하길 바라며 "다 하려면 시간이 엄청 걸릴 텐데 그래도 괜찮겠어요?"라며 물었다. 하지만 그녀는 끝까지 듣길 바랐고 결국 그는 자신이 어떻게 살아왔는지 대강 간추려서 설명했다. 이야기가 끝나자 그녀는 팀을 바라보며 이렇게 말했다. "우와, 진짜 대단한 삶을 사셨군요. 안 그래요?"

그전까지 팀은 한 번도 자기 인생이 놀랍거나 대단하다고 생각해본 적이 없었다. 그에게는 그저 평범한 삶이었을 뿐이니까. 하지만 그녀의 관점에서는 팀의 인생이 매우 놀라웠던 것이다. 여기서 우리가 꼭 기억해야 할 교훈이 있다. 바로 나 이외에는 아무도 내 인생을 살 수 없다는 사실, 그리고 그 삶이 다소 평범하게 느껴질지라도 다른 모든 이가 그것을 나와 같은 관점에서 바라보진 않는다는 사실말이다.

그럼 이제 책 읽기는 잠시 멈추고 자서전 쓰기에 매진하기 바란다! 당신의 인생을 글로 적고 나서 그 내용을 곱씹어 보며 어떤 대화에 어떤 이야기를 소재로 활용할 수 있을지 생각해보라. 이제 당신에게는 큰 이야깃거리가 하나 생겼다. 그리고 이 세상 모든 사람이 사랑하는 한 가지가 무엇인가 하면, 그것은 바로 그러한 이야기라 할 수 있다.

당연한 얘기지만, 타인의 인생 이야기에서 사람마다 흥미를 느끼는 부분은 다 다르다. 그러므로 어떤 상황, 어떤 자리에서 당신 인생 이야기 중 어떤 부분을 활용할 수 있을지 조금 더 시간을 들여 생각해 보기 바란다.

실제로 이것이 유용하다 싶으면, 더 자세하게 적어 둬도 좋다. 그럼 때가 됐을 때 할 말이 훨씬 더 많아질 테니까.

이제 사람들을 처음 만날 때 자주 받는 질문에 눈을 돌려보자.

'당신은 누구십니까?'

한 가지 흥미로운 사실은, 많은 사람이 이 질문에 제대로 된 대답을 하지 않는다는 점이다. 물론 다들 응답을 하긴 하지만, 대개 그 내용은 '무슨 일을 하시나요?'라는 질문의 답으로 적합하다. 어째서 그럴까? 그들은 직업이 자신을 나타낸다고 여기기 때문이다. 이런 사람들은 자신의 참모습보다 자기 직업에서 더 큰 자긍심을 느낀다.

그런 점에서 이 책을 읽는 당신은 남들에게 아주 독특한 인상을 남길 방법을 배울 수 있는 셈이다. 이 세상에 같은 직업을 가진 사람은 매우 많지만, 당신은 단 하나뿐이다!

직접 해보기/연습

잠시 시간을 내서 자신에 대해 말하고 싶은 내용을 연습해 보자.

힌트 : '저는 질/잭입니다.' 정도로는 안 된다! 대화 상대가 자기소개에 반응을 보이거나 궁금증을 느낄 만큼 충분한 정보를 제공해야 한다.

그리고 대화를 마친 후 누가 그 사람에게 '방금 당신과 이야기를 나눈 그 매력적인/흥미로운/재미있는/멋진/잘생긴/카리스마 넘치는 (가장 마음에 드는 단어를 하나 선택하라!) 사람은 누구예요?' 라고 물었을 때 나왔으면 하는 답도 미리 생각해 두면 좋다.

자, 당신은 어떤 이야기를 할 텐가? 그래, 일단 이름을 먼저 말하고 넘어가자. 사실 이름은 라포르를 구축하는 과정에서 가장 먼저 알려야 하는 필수 정보다. 사람들과 새로운 관계를 맺을 때 이름을 적절히 활용하는 것은 매우 훌륭한 전략이라 할 수 있다. 아마 당신도 자기 이름에 담긴 흡인력을 매우 잘 알 터. 웅성거리는 파티장 같은 곳에서 사람들과 이야기를 나누는 중에도 저 멀리 있는 누군가가 내 이름을 입에 올리면 마치 화살이 바람을 가르듯 그 소리가 귀에 꽂히지 않던가? 사실 알고 보면 그 사람은 당신 이야기를 하지 않았을 수도 있다. 하지만 어쨌든 간에 우리는 자기 이름이 들리는 쪽으로 곧장 시선을 돌리게 된다.

그럼 이름 외에 또 어떤 정보를 말할 수 있을까? 우선 모임이나 행사 장소에 발을 들인 상황을 떠올리고 어떤 정보가 그곳에서의 대화에 활기를 불어넣는 데 가장 적합할지 생각해보라. 다음은 몇 가지 예시다.

파티 : ‘얼마 전에 옆집으로 이사 온 팀이라고 해요.’

업무 회의 : ‘저는 메리라고 합니다. 회계 팀 소속으로 다른 건물에서 일하고 있어요.’

만찬회 : ‘피터라고 합니다. 마틴은 제 직장 동료예요. 그 친구가 저를 집으로 초대한 건 이번이 처음이죠.’

기업 간 회의 : '저는 ABC 위젯 소속인 루이스입니다. 다음 발표자 분께서 어떤 말씀을 하실지 정말 기대되네요.'

이러한 소개말로써 당신은 다른 사람에게 대화를 이어갈 여지를 남겨 준 셈이다. 그리고 이야기를 마무리할 때는 '그런데 당신은 어때요?' 같은 말을 덧붙이면 좋다. 그러면 상대에게 깔끔하게 대화의 주도권을 넘기는 동시에 지나치게 자기 위주로 이야기가 진행되는 문제도 막을 수 있다!

어떤 일을 하시나요?

다시 한 번 말하지만, 모든 비결은 연습에 있으며 어떤 대답이든 상황에 따라 달라진다는 점을 기억하라.

숙제/연습

당신은 자신이 어떤 일을 하는지 어떻게 설명할 생각인가? '영업부에서 일합니다.' 이와 같은 소개로는 대화를 오래 지속하기 어렵다. '뇌 전문 외과의입니다.'는 설명도 마찬가지다. 어쩌면 '재보험 중개사 일을 합니다.'는 말보다는 대화가 조금 더 길어질지도 모르겠지만 그리 큰 차이는 없을 것이다.

그래서 말에 흥미를 더할 양념이 필요하다. 단순한 직업 명칭 이상의 설명을 덧붙이는 것이다.

몇 가지 예를 살펴보자.

'저는 네 아이의 엄마로, 숙박업소를 운영하면서 일종의 상담 업무도 함께하고 있어요.'

'저는 재정적으로 곤란에 처한 분들이 사업을 계속 이어갈 수 있도록 돕는 일을 하죠.' (회계사)

'저는 회계사들도 손에 땀을 쥘 만큼 흥미진진한 일을 하고 있어요.' (재보험 중개사)

'온종일 일을 하면서도 대체 제가 왜 이걸 하는가 싶어요.' (치과의사 - 물론 이 문장은 치과의사를 필자들 관점에서 살펴보고 적은 것이다. 하지만 실제로 두 필자가 아는 치과의사들 대부분은 처음 만나는 사람에게 자기 직업을 밝히지 않는다. 왜냐하면 바로 그 자리에서 상대가 치과 상담을 요구하는 일이 잦기 때문이다)

'저는 건축 일을 합니다. 정시에 일을 시작해서 정시에 일을 마치죠. 하지만 저는 매우 특이한 걸 좋아한답니다.'

아니면 다음과 같이 내용을 덧붙여 대화를 확장시킬 계기를 만드는 것도 좋다.

'저는 병원에서 일하는데, 정말 요새처럼 예산이 빠듯했던 적은 없었던 것 같아요.'

이 대목에서 당신이 해야 할 일은 현재 자신의 상황을 염두에 두고 어떤 정보가 대화 상대에게 유용할지, 또 무엇이 그들의 관심을 끌고 대화에 흥미를 더할지 헤아리는 것이다. 다시 말해서, 그 사람에게 맞는 내용을 말하라는 뜻이다.

가령 기업 간 회의에 참석하여 사업주들과 대면할 때는 이렇게 말할 수 있다.

> '저는 대출 중개업에 몸담고 있습니다. 저희 회사는 민간 산업 부문에서 많은 일을 하고 있지요.'

만약 파티에 참석한 경우라면, 이렇게 바꿔서 말해도 좋을 것이다.

> '저는 대출 중개 회사에서 근무합니다. 현재 주택 시장이 다소 불황이긴 하지만 저희는 늘 이 업종에서 충실하게 사업을 영위해 왔습니다.'

어디 사세요?

여기에 적용되는 규칙 역시 마찬가지다. 대답에 또 다른 설명을 덧붙여라.

> '레디치(Redditch) 시는 생각보다 별로예요!'

'집이 베이싱스토크(Basingstoke)에 있어요. 벌써 20년이나 거기서 살았죠.'

'뉴포레스트(New Forest)에 삽니다. 시골과 바다를 좋아하는 사람한테는 거기만 한 데가 없죠.'

'버밍엄(Birmingham) 시에 살아요. 파리(Paris)보다 공원이 많고, 베니스(Venice)보다도 운하가 많은 곳이죠.' (덧붙이자면, 이 이야기는 모두 사실이다)

폴과 몰리를 어떻게 아시죠?

이제 다들 어떤 요령이 필요한지 알았을 것이다.

'저랑 같은 학교에 다녔어요. 그 녀석이 군에 자원입대할 줄은 꿈에도 생각 못 했죠.'

'둘이 결혼하고 나서 저희 옆집으로 바로 이사를 왔어요. 다들 그 동네를 참 좋아했죠. 혹시 리즈(Leeds) 시가 어떤 곳인지 아세요?'

조금 전의 예시를 통해 우리는 대화를 어어가는 데 보탬이 되는 훌륭한 전략을 한 가지 확인했다. 바로 대답 끝에 질문을 붙여 상대방에게 다시 바통을 넘기는 것이다. 이제 위에 제시된 예문들을 다시 훑어보면 이 전략을 어떻게 활용해야 할지 대충 감이 올 것이다.

'뉴포레스트에 삽니다. 시골과 바다를 좋아하는 사람한테는 거기만 한 데가 없죠. 뉴포레스트에 와보신 적 있나요?

'저는 병원에서 일하는데, 정말 요새처럼 예산이 빠듯한 적은 없었던 것 같아요. 당신이 일하는 곳에선 그런 문제가 없나요?'

이 방법을 통해서 상대는 훨씬 쉽게 대답을 이어가게 되고 당신 역시 대화의 흐름이 주춤할 때 자신의 대답 속에서 또 다른 소재를 끄집어낼 수 있다. 이런 점에서 봤을 때, 뉴포레스트를 언급한 사례에서는 앞 사람에게 뉴포레스트나 시골, 또는 바다라는 소재를 활용할 기회를 준 셈이다.

만약 곧장 '아니오' 라는 답이 돌아오더라도(이번 장에서 질문 유형을 다룬 항목을 살펴보라. 이런 대답은 폐쇄형 질문을 했을 때 나온다) 여기서는 다시 시골이나 바다에 대한 질문을 던질 여지가 있다. 또한 휴가를 주제로 삼아 이야기를 전환할 수도 있다.

'아, 그러시군요. 제가 사는 뉴포레스트는 휴가철만 되면 사람이 북적인답니다. 당신은 휴가 때 특별히 하시는 일이 있나요?/휴가 때 어디에 가시죠?/작년 휴가 때는 어딜 다녀오셨나요?' 이렇게 많은 선택지가 존재함을 이해했다면, 당신은 이제 고지에 거의 다 다가선 것이다.

앞으로 앞으로 – 듣기

자, 일단 말문이 트였다면, 그다음에 할 일은 이야기를 계속 진전 시키는 것이다!

그러기 위한 첫 번째 규칙은 바로 눈앞의 상대방에게 집중하는 것이다. 일단 이야기가 끊겨서는 안 된다는 걱정에서 벗어나 상대의 말에 집중하기만 하면 대화는 생각보다 쉽게 이어진다.

그런데 많은 사람이 이 규칙을 알고도 지키기 어렵다고 한다. 막상 대화가 시작되면 다들 다음에 무엇을 말할지 생각하는 데 정신을 팔기 때문이다. 그러나 사실 상대의 말을 잘 듣기만 해도 이야깃거리는 풍성하다.

듣기가 가장 중요한 대화 기술에 속한다는 사실은 굳이 말할 필요가 없을 만큼 모두가 잘 아는 사실이다. 그런데 재미있는 사실은, 우리 삶에 필요한 모든 언어 능력 중에서 이 듣기 방법만은 아무도 가르 얼마나 있는가?

- 이야기를 따라가지 못하여 그와 관련된 질문을 받았을 때 크게 당황한 적이 많이 있는가?
- 누가 이야기할 때 쇼핑 목록/다음 휴일/집의 전등을 모두 껐는지/주말에 할 일/직장에서의 문제 등을 생각한 경우는 얼마나 되는가?

위와 같은 경험을 해봤다면, 당신은 남의 말을 제대로 듣지 않은 것이다!

모든 사람 앞에서 진정으로 자신 있게 말하고 싶다면, 그전에 먼저 듣기의 달인이 돼야 한다. 그렇게 남의 말에 귀를 기울이면 단순히 대화를 이어가는 데 필요 이상으로 많은 정보를 얻을 테고, 좋은 친구이자 초대 손님, 또 동료 직원으로 더욱 인정받는 동시에 당신의 자신감 역시 더욱 커질 것이다.

그러면 말은 어떻게 들어야 하고, 또 잘 들으려면 어떤 기술이 필요할까?

- 이야기를 모든 방법을 동원하여 '소음을 제거' 한다. - 주변에서 들려오는 여타 말소리가 우리 머릿속에 엉뚱한 생각을 밀어 넣기 때문이다.
- 이야기를 말하는 사람과 이야기 내용에 완전히 집중한다.

쳐주지 않았다는 점이다. 다들 어릴 적에 이런 소리를 얼마나 자주 들었던가. '도대체 왜 이렇게 말을 안 들어?' '내 말 듣고 있니?' 또 때로는 요청의 기미조차 없는 명령을 들어야 했던 적도 있다. '말 좀 들어!' 하지만 사실은 누구도 듣는 방법을 제대로 배운 적이 없다.

그렇다면 듣기, 그러니까 진정으로 효과적인 듣기에는 무엇이 필요할까? 그 답은 한자의 '들을 청(聽)' 자에서 알 수 있다.

'들을 청' 자에는 상대에게 전념한다는 뜻이 담겨 있다. 이는 곧 나를 구성하는 모든 요소를 통해 말을 듣는다는 뜻이다. 또한 말하는 사람이 청자(聽者)가 느끼는 세상의 중심에 놓이며, 우리가 모든 것을 지우고 오로지 눈앞의 상대방에게만 집중해야 한다는 뜻이다. 물론 이것은 쉬운 일이 아니다!

• 다른 사람이 말할 때 나도 모르게 졸았던 적이 자주 있는가?
• 남이 말한 내용을 제대로 듣지 못해 다시 말해 달라고 한 적은

- 이야기를 상대의 말이 끝나기 전에 미리 할 말을 준비하려는 생각에서 벗어난다.
- 열린 생각과 열린 마음으로 듣는다. - 한자의 '들을 청' 자를 떠올려라.
- 성급한 판단과 추측을 피한다.
- 말하는 이에게 시각적으로 동감의 뜻을 표현한다. - 눈을 맞추거나 웃거나 고개를 끄덕인다.
- 소리를 이용해 상대방에게 동감의 뜻을 전한다. - '맞아' '그렇군요' '이해했어' 같은 말을 하거나 '음' '아아' 같은 소리를 내는 편이 좋다.
- 상대의 말을 중간에 끊지 않는다.
- 침묵을 깨려고 조급하게 말을 꺼내지 않는다.
- 대화 중 특정한 내용을 내가 제대로 이해했는지 확인하고 싶을 때는 그 부분을 다시 질문하여 정확하게 의미를 파악하도록 한다.
- 들은 내용을 자세히 기억하고 싶을 때는 즉시 그 내용을 따라서 말해 본다.

따라 말하기는 대화의 진전에 크게 도움이 되는 전략이다. 방법 자체는 매우 단순하지만 여기서 일단 살펴보기로 하자.

우리가 할 일은 상대의 말을 유심히 듣고 거기에서 사용된 핵심 단어나 어구를 따라서 반복하는 것이다. 이 방법을 활용할 때는 질문하는 어조로 말하라.

그 예는 다음과 같다.

대화 상대 : "지난주에 참석한 파티는 정말 최악이었어요."

나 : "최악이었다고요?"

대화 상대 : "난 헬스클럽에 가는 사람들이 도무지 이해가 안 돼."

나 : "이해가 안 된다고?"

대화 상대 : "요전에 최신 007 시리즈 영화를 봤는데, 그거 진짜 끝내 주더라."

나 : "끝내 준다고?"

대화 상대 : "한참 동안 일이 잘 풀리지 않더라고요."

나 : "잘 풀리지 않았다고요?"

이 모든 질문의 목적은 상대가 경험한 바를 더욱 자세히 서술하게 하는 데 있다. 또한 상대가 말한 표현을 반복하는 것은 청자가 그 내용을 잘 듣고 흥미를 느낀다는 것을 겉으로 드러내는 역할을 한다.

Tip 이때는 반드시 대화 상대가 언급한 단어만을 사용해야 한다. 뜻을 해석하거나 당신이 자주 쓰는 표현을 사용해서는 안 된다. 상대방의 말을 따라하는 행위는 대화를 매우 알차게 해 주는 동시에 그 사람의 이야기에 귀를 기울이고 있다는 중요한 증거가 된다.

어쩌면 이 책이 제시하는 전략 중에서 몇 가지는 다소 엉뚱하게 느껴질지도 모른다. 하지만 그 효과는 확실하다. 직접 시도해 보고 그 결과를 확인해 보기 바란다.

앞으로 앞으로 - 질문하기

"우리가 바라는 지식은 묻고자 하는 그 질문 속에 있다."

- 지두 크리슈나무르티(Jiddu Krishnamurti)

지금까지 따라 말하기와 질문투를 사용해 대화를 진전시키는 방법에 대해 이야기했다. 그러나 이제는 질문 그 자체에 주목할 때가 됐다. 질문하는 데에도 그 나름의 기술은 존재하며, 다행히도 그 기술은 배우기가 쉬운 편이다. 게다가 연습을 하면 할수록 활용하기는 더욱 쉬워진다.

어쩌면 당신은 이미 각종 질문법에 익숙할는지도 모르고, 혹은 이러한 정보를 처음 들어봤을지도 모른다. 하지만 어느 쪽이든 상관없다. 다양한 질문 방법을 잘 안다고 해도 복습과 재연습은 언제나 바람직한 법이니까. 또 반대로 이 멋진 비법을 잘 모른다면, 여기서 꼭 배워 둘 필요가 있다!

기본적으로 질문에는 두 가지 종류, 즉 개방형과 폐쇄형 질문이 존재한다. 우리는 여기서 이 두 가지를 모두 살펴보고 가장 좋은 결과를 얻으려면 각 유형을 언제 활용해야 하는지 알아볼 것이다.

폐쇄형 질문의 답은 대개 짧고, 묻는 내용에 크게 좌우되며 흔히 '예' 또는 '아니오'로 끝난다. 이를테면 이런 물음이다.

'여기엔 자주 오세요?'
'이 가족과 친하게 지내는 사이인가요?'
'그 사람들을 알고 지낸 지 오래되셨나요?'
'크리스마스에 어디 가실 데라도 있나요?'
'오늘 밤 그 경기 중계방송을 보실 건가요?'

필자들 개인적으로는 폐쇄형 질문 하나에도 3시간 넘게 답하는 사람들을 몇 명 알고 있지만, 대체로 이런 유형의 질문은 질문자에게 그다지 많은 정보를 제공하지 못한다.

그렇다고 해서 폐쇄형 질문이 나쁘다는 뜻은 아니다. 단지, 대화를 계속 이어가려 할 때는 사용하기 적절하지 않다는 말이다. 이 유형은 정보를 확인하거나 어떤 결론을 내려야 할 상황에서 사용하는 편이 좋다.

‘그럼 내년 여름에 그리스에 가신다는 말인가요?

‘이제 갈 준비를 해야겠죠?

‘쇼핑할 시간이 없었다고요?

‘학교에서 애들 좀 데려와 주실 수 있어요?

개방형 질문에는 두 가지 형태가 있는데, 둘 다 잘 알아두는 것이 좋다. 그러나 세부 사항을 살펴보기 전에, 어떤 단어가 이 개방형 질문을 이끄는지 확인하자. 여기에는 ‘누가, 언제, 어디서, 무엇을, 어떻게, 왜, 어느 쪽(것)’이 포함된다.

"나는 하인을 6명 거느리고 있으며, 그들은 내게 모든 지식을 알려 줬다. 그 이름은 누가, 언제, 어디서, 무엇을, 어떻게, 왜라고 한다."
- 러디어드 키플링(Rudyard Kipling)

추측컨대 키플링이 이 시에 ‘어느 쪽(것)’을 넣지 않은 이유는, 이 단어가 들어갔을 때 운율이 맞지 않아서가 아닐까 싶다.

대화에서 많은 정보를 얻는 또 다른 방법으로 ‘…에 대해 말해 주세요.’라는 표현이 있다.

‘휴가가 어땠는지 말씀해 주세요.’

‘어떻게 지냈는지 이야기 좀 해봐요.’

'더 말해 주세요.'

개방형 질문의 두 가지 유형은 다음과 같다.
- 중립형 질문
- 유도형 질문

중립형 질문의 대답은 다소 장황하고 대체로 질문 내용에 크게 영향을 받지 않는 편이다. 이 유형의 질문을 받은 사람은 그 대답으로서 매우 다양한 이야기를 선택할 수 있다.

얼마 전에 프랑스에서 휴가를 보내고 돌아온 사람과 대화를 나눈다고 생각해보자. 이때 가장 다양한 답변이 나올 만한 중립형 질문은, '휴가는 어땠어요?' '여행은 어떻던가요?' 라든가, '…을(를) 말해 주세요' 표현을 활용한 '휴가 이야기 좀 해주세요.' 정도가 되겠다.

이 유형의 물음을 던지면 대화 상대는 휴가와 관련된 모든 것을 이야기할 수 있다. 질문 내용이 답변의 방향성에 영향을 미치지 않기 때문이다.

이와 반대로 휴가에 대한 특정 내용을 알고 싶을 때는 유도형 질문을 사용하면 된다. 이 유형에 대한 답변은 대개 장황하면서도, 질문 내용에 크게 영향을 받는다. 그리고 이런 질문은 상대방에게 우리가 듣고 싶은 주제를 말하도록 대화 방향을 유도한다. 가령 휴가에서 돌아온 사람과 이야기한다고 했을 때 이런 식으로 질문을 던지는 것이다.

'거기 음식은 어떤 게 있어요?

'날씨는 어떻던가요?

'언제 출발하셨어요?

'다음에 또 그곳에 간다면 어디 묵으실 건가요?

'프랑스 사람들이 관광 프로그램으로 추천하는 게 있던가요?

이 유형이 개방형 질문에 속하지만, 이렇게 자신이 알고 싶은 내용을 골라 대화 방향을 유도한다는 사실을 기억하기 바란다.

어떤 행사나 모임에 앞서 어떤 중립형 질문이 적절할지 미리 생각해 두면 좋다.

- '어떤 일을 하시나요?' / '하시는 일은 어때요?'
- '가족 이야기 좀 해주세요.'
- '…에 대해 어떻게 생각하시죠?'
- '어떤 집에 사세요?'
- '올해 휴가 계획은 어떻게 잡으셨어요?'
- '[베이싱스토크(Basingstoke)/글래스고(Glasgow)/아든(Arden)의 햄프턴(Hampton)/하틀풀(Hartlepool)]은 어때요?'

만약 다양한 질문법을 완전히 정복한다면, 당신은 이 세상의 대다수 영업 사원보다 뛰어난 대화 능력을 갖출 수 있으며, 이 기술로 놀랄 만큼 많은 돈을 벌어들일 수도 있을 것이다! 그냥 하는 말이 아니다. 지난 20년간 두 필자가 수많은 영업 사원을 대상으로 연구한 바에 의하면, 이 특별한 기술을 완벽하게 익힌 사람은 정말 극소수였다.

직접 해보자

어떤 상황에서 어떤 화제가 제시되어도 질문을 던질 수 있도록, 주제를 하나 정하여 그것과 관련된 중립형 질문과 유도형 질문을 다양하게 생각해보자.

그리고 언제 어디서든 기회를 잡을 수 있게 연습해 보자. 직장 동료, 친구, 가족 등을 대상으로 질문을 던져 보는 것이다! 이렇게 연습을 하면 할수록 더 좋은 성과가 나온다.

또 한 가지 명심할 것은, 무엇보다도 호기심을 느껴야 한다는 사실이다.

호기심이 커지면 커질수록 머릿속에서는 한층 멋진 질문이 솟아난다. 그리고 훌륭한 질문을 던질 때마다 사람들은 당신에게 더 크게 흥미를 느낄 것이다!

앞으로 앞으로 – 말하기

지금까지 우리는 듣기와 질문하기를 집중적으로 살펴봤다. 이 두 가지는 대화 상대에게 초점이 맞춰져 있다. 하지만 이번에는 그 스포트라이트를 당신에게 돌릴 차례다(기분이 썩 괜찮지 않은가?). 원래 사람이 대화를 하다 보면 어느 순간부터는 직접적으로 대화에 이바지하길 바라게 되고 혹은 꼭 그래야 할 필요가 생기기 때문이다.

이번 장 초반부의 '출발점'에서는 우리가 흔히 받는 질문에 대한 응답을 몇 가지 살펴봤다. 그러한 대답 방식은 기본적인 정보에 양념을 살짝 더함과 동시에 상대방에게 이야기를 이어갈 기회를 제공한다. 이 기술은 대화를 자연스럽게 계속 이어나가고자 할 때 언제든지 활용할 수 있다. 심지어 폐쇄형 질문을 받을 때도 말이다!

대화 상대 : "회의에 참석하셨나요?"

나 : "그랬죠. 진행이 꽤 괜찮았던 것 같아요. 과장님은 어떠셨어요?"

대화 상대 : "올해 휴가 계획은 세우셨나요?"

나 : "그럼요. 저희는 그리스로 갈 생각이에요. 전 학창 시절 이후로 거기 처음 가는 거예요."

이런 대답은 대화에 활용할 또 다른 소재를 상대방에게 던져 주고 신속하게 바톤을 넘길 수 있는 효과를 보인다.

어떤 상황에서든 정말 자신 있게 대화를 이어나가기 위해서는 무엇보다도 계획이 중요하다. 앞에서도 이야기했듯이, 리허설 없이 무대에 오르는 배우는 아무도 없다. 결국 우리도 듣고 말하는 방법을 열심히 연습하는 것이 당연하지 않을까?

이번에는 당신이 만찬회에 간다고 생각하고, 또 지금까지 한 번도 만나 보지 못한 사람들이 그 자리에 여럿 참석한다는 사실을 이미 아는 상황이라고 가정하자. 거기서 다뤄질 만한 소재가 무엇일지 한번 생각해보기 바란다.

- 음식
- 휴가
- 학교/교육
- 자녀
- 지역 · 국가 행사

- 스포츠
- 직업
- 주택

물론 실제로는 이보다 더 많은 이야깃거리가 있을 테고, 참석하는 행사의 종류에 따라 대화 주제도 달라질 것이다.

그럼 이 중에 한 가지를 골라 당신의 관점에서 생각해보기 바란다. 어떤 느낌이 드는가? 해당 주제에 대해 특별히 주장하고 싶은 점이 있는가? 그 내용과 관련하여 어떤 경험이 있는가? 만약 기존에 잘 알지 못하던 내용이었다면 무엇이 궁금할 것 같은가?

사실 여기서 말하려는 바는, 모임 장소에서 어느 순간 어떤 말을 할지 정확하게 계획을 세우라는 것이 아니다. 자신이 대화에 이바지한다는 믿음과 자신감을 안고 어떤 이야기에도 늘 참여할 수 있도록 준비하라는 것이다.

그러면 해당 주제에 대한 다른 사람들의 생각을 알고자 할 때 어떤 질문이 필요한지 숙고할 수 있다.

이 말을 다시 떠올리자. 남에게 관심을 보이는 사람은 그 사람으로부터 관심을 받는다!

만약 조금 더 알고 싶은 분야가 있다면, 직접 조사해 보라! 가령, 모든 항공사의 직원들이 크리스마스를 앞두고 파업을 벌였다고 치자. 엄청난 사건일 테니 그런 일이 벌어졌다는 사실은 다들 알겠지만, 사실 그 내막까지는 모르는 경우가 많다. 그럼 그때는 인터넷을 뒤지거나 신문을 읽고 진실을 파악하라. 그럼 그 과정에서 또 다른 흥밋거리나 재미있는 이야기를 찾아낼 수도 있다.

이렇게 하면 그 주제가 대화에 오르내릴 때 대화의 진전에 크게 이바지할 수 있음을 물론이고, 직접 그 이야기를 언급하며 여러 사람 앞에서 당신의 견해를 밝힐 수도 있다. 당연히 그런 초대 손님은 항상 사람들에게 사랑을 받는다! 그럼 결국 다음 모임에서도 당신이 당당히 한자리를 차지할 수 있다.

게다가 조사를 통해 각종 정보를 수집하면 세상 물정을 잘 알게 됨은 물론 다양한 지식을 쌓게 된다. 덤으로 이야기의 레퍼토리까지 늘어난다.

앞으로 앞으로
– 큰 소리로 거리낌 없이 말하라

당신은 대화에 참여하여 뭔가 이야기를 거들길 바라면서도 무엇을 언제 말해야 할지 잘 몰라서 머뭇거리고, 간신히 그 문제를 넘겼다 싶을 때 대화가 그냥 넘어가 버리거나 완전히 멈춰 버려 말할 때를 놓친 경험이 있는가?

그리고 뭔가를 말하려고 할 때 상대방이 내 이야기를 아예 듣지 못하거나 다른 사람 때문에 말이 끊긴 경험이 있는가? 하지만 그렇다고 해도 크게 걱정할 필요는 없다. 그런 상황이 발생하는 경우는 부지기수이기 때문이다.

Tip 옛말에 쇠는 뜨거울 때 치라고 했다! 뭔가를 말하고 싶다고 느끼면 주저하지 말고 말해라. 당신의 본능이 늘 당신의 편에 선다고, 그리고 그 본능이 입을 열기에 가장 적절한 순간을 선택했다고 믿어라.

물론 그렇다고 해서 남이 말하는 데 마구 끼어들거나 방해를 해도 좋다는 뜻은 아니다. 단지 말을 꺼내기 가장 좋은 순간을 잘 선택하라는 얘기다. 한데 그러려면 어떻게 해야 할까? 그냥 다른 사람이 말하는 중에 숨을 돌리려고 잠시 대화를 멈추거나 어떤 이야기가 끝맺을 때까지 기다리면 된다. 대개 사람은 말이 다 끝나면 짧게나마 호흡을 고르므로, 늘 대화에 귀를 기울여 그 순간을 잡아내야 한다. 그렇게 화자(話者)의 이야기에 담긴 리듬에 주목하면 그때가 언제인지는 금세 알게 된다.

기자들이 마거릿 대처(Margaret Thatcher)를 인터뷰하기가 매우 힘들었던 이유 중 하나는 그녀가 늘 말을 다 마치지도 않고 도중에 숨을 돌렸기 때문이다. 그래서 그들에게는 또 다른 질문을 던질 기회가 거의 없었다!

 말을 할 때는 요점을 명확히 하는 동시에 머뭇거리지 않아야 한다.

Tip

우리 주위를 돌아보면 말허리가 잘리는 것이 당연하다 싶을 정도로 우물쭈물 거리며 이야기를 여는 사람들이 많다.

'어어… 그러니까… 전에 꽤 흥미로운 일이 일어났는데 그게… 그러니까 확 빠져들 만큼 재미있었다는 말은 아니고, 으음… 무슨 말인지 아시겠죠, 대충 그런 느낌 들 때 있잖아요. 정확히 언제였는지는

기억이 잘 안 나는데⋯⋯.’

　사람들에게 주목받고 싶다면, 반드시 명확하고 자신 있는 태도로 말해야 한다. 적어도 말을 시작할 때는 그 이야기에 귀를 기울이고 싶은 마음이 들게 해야 한다.

　‘그 말을 듣고 보니 2년 전에 일어났던 그 일이 바로 생각나네요. 지금 생각해도 정말 묘한/웃기는/재미있는 사건이었어요.’

　위 문장에서는 다음과 같은 특징이 드러난다.

- 상대의 말을 유심히 들었음을 드러낸다.
- 상대의 이야기에 흥미를 느꼈음을 드러낸다.
- 요점을 곧장 짚어 낸다.
- 이어지는 이야기에 상대가 귀를 기울일 만한 이유를 제공한다.

　당신은 그저 자신감을 담아 말하기만 하면 된다. 그러면 성공은 자연스레 따라오기 마련이다.

‘머뭇거리지 말고 요점을 말하라!’

　지금까지 만남의 자리에서 멋지고 즐거운 시간을 보내는 데 필요한 기본 요령을 알아봤다. 이번에는 모임이나 행사의 종류에 상관없이 사람들과 효과적으로 대화를 나누기 위한 전략을 몇 가지 살펴볼까 한다.

시선을 사로잡는 핸드백

엠마는 사람들 눈을 사로잡는 멋진 핸드백을 갖고 있다. 매우 아름답고 화려한 색상을 자랑하는 그 가방은 도저히 쳐다보지 않고는 못 배길 명품이다. 아마 다들 두 필자가 무엇을 말하려는지 금방 알아챘을 것이다. 이번에 소개할 전략을 성공적으로 수행하려면 그녀의 핸드백 같은 물건이 꼭 필요하기에 이렇게 이름 붙여 봤다.

일단 여기서 이런 의문이 생긴다. '과연 내게 있어 남들의 시선을 사로잡는 핸드백은 무엇일까?' 그러나 여기에 답하기 전에, 시선을 사로잡는 핸드백이 무엇인지 그 개념부터 정확히 알아보도록 하자.

시선을 사로잡는 핸드백이란, 그것을 처음 본 순간 질문을 던지거나 어떤 말을 하고 싶게 만드는 사물을 뜻한다. 당신에게는 이런 것이 전혀 없다고 생각하지 마라.

방금 설명했듯이, 사람들은 보통 엠마의 핸드백 같은 물건을 보면 도무지 눈을 떼지 못하고 뭔가 꼭 한마디 하고 싶은 충동을 느낀다.

'가방이 참 멋진데 그거 어디서 사셨어요?
'진짜 예쁜 가방이네요. 어디 가면 살 수 있죠?
'우와, 이런 가방은 난생처음 봐요.'
'진짜 특이한 가방이네요. 한 번 봐도 될까요?

어떤 광경인지 머릿속에 그려지는가? 그야말로 대화를 이끄는 훌륭한 도구가 아닌가!

자, 가장 먼저 할 일은 남들의 시선을 끄는 당신만의 핸드백을 찾는 것이다. 만약 그런 물건이 전혀 없다면, 당장 나가서 하나 사 들고 오라!

이 전략의 활용은 남자보다 여자 쪽이 훨씬 수월할지 모른다. 하지만 남자라고 해서 아예 불가능하다는 뜻은 아니다. 예를 하나 들자면, 오래전에 엠마가 팀에게 선물로 사준 넥타이를 보면 사람들은 한마디씩 말을 던진다. 그리고 팀에게는 정말 멋진 넥타이가 하나 더 있다. 엠마는 팀이 자신과 함께 있을 때 그 넥타이를 매지 않길 바라지만, 그 외의 사람들은 그것을 보면 모두 질문을 하고 뭔가를 말한다. 또 팀은 60년 전에 제작된 고풍스러운 금시계를 갖고 있다. 그가 매우 아끼는 그 손목시계는 예전에 삼촌으로부터 물려받은 것으로, 요즘 시계와 비교해 보면 정말 독특한 느낌을 준다. 여기서 짚고 넘

어가야 할 점은, 이런 물건 자체가 어떤 대화를 유도하지 않는다 해
도 항상 사람들의 이목을 끄는 역할만큼은 충분히 수행한다는 사실
이다.

그다음에 할 일은 다른 사람들의 소지품에 눈을 돌리는 것이다. 여
기에는 그들이 정말 특별한 의미를 담아 평소에 입거나 휴대하고, 혹
은 오랫동안 사용해 왔거나 각별히 신경 써서 선택한 물건이 포함된
다. 그런 물건들은 대화를 열기에 아주 적절한 소재가 된다. 그저 다
음과 같이 말을 시작하라.

'그 멋진 …은(는) 어디서 구하셨나요?'
'아주 훌륭한 …로군요.'
'지금 입고 계신 …이(가) 아주 마음에 드네요.'

그리고 위에서 진한 글자로 강조한 것처럼, 가능하면 질문을 하거
나 의견을 말할 때 칭찬하는 단어나 어구를 덧붙이도록 하라.

결국 이 전략은 언제 어떻게 상대를 칭찬하느냐는 주제와도 연결
되어 있다.

# 성공을 부르는 칭찬과 그렇지 못한 칭찬

이 세상 모든 것이 그러하듯이, 칭찬에도 기술이 있다. 물론 어려운 기술은 아니지만, 입을 열기 전에 한 번 더 생각해볼 필요는 있다.

그럼 이번에는 지금까지 받아 본 칭찬에 대해 잠시 생각해보자.

- 가장 기억에 남는 칭찬은 무엇인가?
- 가장 큰 의미가 담긴 칭찬은 무엇인가?
- 누가 칭찬했는가?
- 어떤 식으로 칭찬했는가?
- 칭찬받았을 때 그 기분은 어땠는가?

이 연습은 모두에게 매우 기분 좋은 경험이 되지 않을까 싶다. 아마 예전에 들었던 칭찬은 물론이고 그 말을 했던 사람 역시 좋게 기억될 것이다.

팀은 가장 친한 친구 한 사람이 한 말을 생생하게 기억하고 있다. "팀, 너랑 같이 있으면 항상 내가 특별한 사람이 된 것 같아서 정말 기분이 좋다." 팀은 이 칭찬을 60년 묵은 손목시계보다 훨씬 더 소중히 여긴다!

당연한 말이지만, 칭찬을 하는 사람은 모두 상대에게 이런 느낌을 안겨 주길 바란다. 그런데 칭찬을 할 때는 주변에 있는 다른 사람들도 반드시 고려해야 한다. 왜 그래야 하냐고? 왜냐하면, 누군가에게는 칭찬인 말이 다른 누군가에게는 은근한 비판이 될 수도 있기 때문이다.

그럼 이쯤에서 모두가 만족하는 칭찬을 위해 알아야 할 규칙을 몇 가지 설명하겠다.

우선, 칭찬은 진심에서 우러나올 때만 하라. 마치 색종이 꽃가루를 뿌려대듯 칭찬을 남발하면 아무리 좋은 말을 해도 그 가치는 떨어지기 마련이고, 그런 사람은 말을 성의 없이 한다고 여겨지거나 최악의 경우에는 '아첨꾼'으로 낙인찍히고 만다!

그리고 칭찬은 막연하지 않게 구체적으로 해야 한다. '당신 참 대단해요.' 같은 말은 다음 예시와 비교하면 반 정도도 효과를 내지 못한다. 이럴 때는 당신이 그 상황에 맞는 칭찬을 제대로 '고안' 하지 못했음을 상대가 알아챌지도 모른다.

'정말 대단한 파티였어요. 당신에게는 처음 만나는 사람들도 즐겁게 해주는 솜씨가 있군요.'

‘당신과 이야기하다 보면 다들 자기가 이 모임의 주인공이 된 것 같다고 그래요. 참 놀라운 능력이에요.’

또한 마음에 드는 행동을 한 사람에게는 칭찬을 하여 그 행동을 장려하라.

‘항상 당신은 매력이 넘쳐요. 우리 모두 보고 배워야겠어요.’

‘그렇게 많은 일을 하면서도 틈틈이 시간을 내서 친구들과 함께하신다니 참 놀랍군요. 그 비결이 뭔지는 잘 모르겠지만 앞으로도 그 모습 변치 않으셨으면 좋겠네요.’

남에게 칭찬할 때는 적절한 시간과 장소를 고려해야 한다. 대개 칭찬은 상대방과 단둘이 조용히 있을 때 하게 된다. 그때는 그 말이 진심임을 상대가 느낄 수 있게 눈을 바라보라. 그 시간이 특별한 기억으로 남도록.

많은 사람이 모인 자리에서 누군가를 칭찬할 때는 뜻하지 않게 다른 사람의 기분이 언짢아질 수 있으므로 주의해야 한다. 살을 빼야겠다고 한참 고민 중인 사람 앞에서 운동으로 체중을 크게 감량한 친구를 칭찬하는 것은 관계 유지에 별로 도움이 되지 않는다!

그러나 시기만 적절하다면, 때로는 앞에서 이야기한 모든 규칙에서 벗어나 한두 마디의 칭찬만으로도 상대와의 관계를 크게 진전시킬 수 있다.

‘맛이 정말 기가 막히네요.’

'정말 매력이 넘치세요.'

'진짜 신나는 파티예요.'

'훌륭한 연설이었어요.'

어떤 칭찬을 하든지 이 점만큼은 반드시 기억해 두기 바란다. 바로 말에 진심을 담고 믿으라는 것!

잡담에서 깊이 있는 대화로
– '수면 아래'를 향하다

이번 장에서 지금까지 다룬 내용은 대부분 '잡담'에 관한 전략이었다. 물론 다들 그런 식으로 말을 이어가긴 하지만, 과연 거기에 무슨 특별한 의미가 있을까?

이 주제를 빙산과 관련하여 생각해보자. 빙산에서 우리 눈에 보이는 부분은 대개 질량의 약 10퍼센트 정도이고 나머지 90퍼센트는 수면 아래 잠겨 있다. 이것을 대화의 관점에서 보면, 처음 만난 사람들과 나누는 이야기 대부분은 '수면 위쪽'에서 일어난다고 할 수 있다.

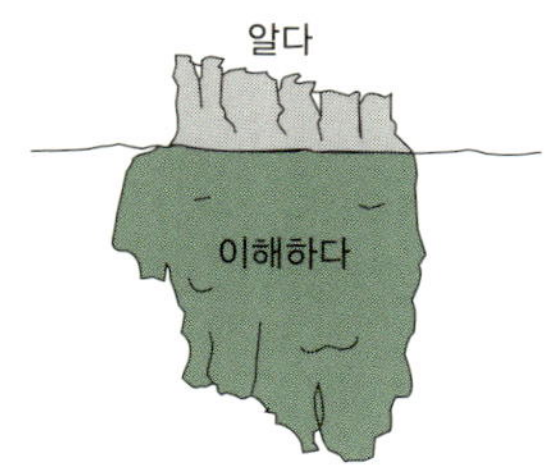

다시 말해서, 관계가 형성되는 초기에는 대화가 일반적인 수준에서 이뤄지며, 크게 사적이지 않는 수준에서 서로 받아들이기 쉬운 정보만을 공유한다.

이런 대화에서는 사는 곳, 하는 일, 가족 관계, 취미, 휴가 장소 등이 주요 화젯거리다. 한마디로 '잡담'을 하는 것이다.

대개 사람은 이러한 소소한 정보를 남들과 교환하기 좋아하며 이런 과정이 대부분의 대화에서 윤활유로 작용한다. 그리고 이렇게 표면적인 수준에서 일어나는 정보 교환을 통해 우리는 누군가를 안다고 말한다.

그런데 오랫동안 사귀어 온 친구나 지인들을 안다는 말은 또 다르다. 이런 관계에서는 더욱 깊은 수준, 그러니까 '수면 아래'에서 모든 작용이 일어난다. 이 수준에서는 누군가를 이해한다고 말하고, 상대와 같은 사고방식과 가치관을 공유하며 서로 가까운 관계라고 이야기한다.

필자는 영어의 UNDERSTAND(이해하다)라는 단어가 UNDER(아래)로 시작하는 것이 어찌 보면 당연한 일이 아닐까 늘 생각해 왔다. 진짜 진주를 찾으려면 스쿠버 다이빙 장비를 갖추고 물속으로 뛰어들어야 하니 말이다.

다들 '일단 그 사람들을 알게 되면…' 같은 표현은 익히 들어봤을 것이다. 필자는 이 표현을 '일단 그 사람들을 이해하게 되면…'이라고 바꿔서 생각한다. 이렇게 이해의 단계로 들어서면 '깊이 있는 대화'의 영역으로 발을 들인 셈이다.

그런데 사람은 왜 굳이 '잡담'에서 '깊이 있는 대화'로 넘어가길 바랄까?

아마 당신의 경험이 두 필자와 크게 다르지 않다면, 다들 어떤 자리에서 처음 보는데도 곧장 친해지고 싶은 사람을 만난 적이 있을 것이다. 사물을 보는 관점이 놀랄 만치 비슷하고 취향도 거의 같으며 마치 오랜 세월을 알고 지낸 듯한 느낌이 드는 그런 사람 말이다.

그렇게 공통점을 발견한다면, 그 사람과 오랜 세월에 걸쳐 멋진 우정을 쌓을 수 있는 절호의 기회를 맞이한 셈이다.

문제는 어떻게 해야 '당신 친구가 되고 싶소.'라는 노골적인 신호를 보내지 않으면서도 그 사람의 관심을 계속 유발하여 관계를 이어 가느냐는 것이다.

그런데 알고 보면 그 방법은 매우 간단하다. 실제로 상대에게 더욱 깊은 관심을 보이는 동시에 라포르를 형성하여 '수면 아래'로 향하는 전략이 두 가지나 존재한다.

생각을 구하는 다이빙

빙산과 스쿠버 다이빙이라는 개념을 다시 떠올려 보면, '수면 위쪽'의 정보가 엄연한 사실로서 더욱 깊은 곳을 조사하기 위한 발판이 된다고 생각할 수 있다. 그럼 이 발판을 제대로 활용하는 방법은 무엇일까? 바로 질문이다. 우리는 겉으로 드러난 사실 이면에 존재하는 무언가를 찾고자 질문을 던진다. 모두 크리슈나무르티의 명언을 다시 한 번 되새겨 보길 바란다.

다음 예를 살펴보자.

(누군가가 먼저 자기 자식이 사립학교에 진학한다는 말을 꺼냈다.)

'사립학교에 대해 어떻게 생각하세요?'

'저희는 휴가 때마다 그리스에 간답니다.'

'그리스에 뭔가 특별한 매력을 느끼시나 봐요?'

'2년 전에 스코틀랜드에서 여기로 이사 왔어요.'

'이사하니까 어떠세요?'

'저는 절대로 개인 사업은 안 할 거예요.'

'어떤 이유가 있나요?'

이런 질문은 화자에게 더 많은 정보를 요구하는 동시에 다양한 주제에 관한 식견과 생각을 묻는 기능을 한다. 이 전략을 쓴다고 해서 우리가 꼭 수면 아래 매우 깊은 곳까지 도달한다는 보장은 없지만, 그래도 다른 때보다는 훨씬 많은 정보를 얻을 수 있다.

만약 더 깊은 곳으로 향하고 싶다면, 다음 전략을 활용해 보자.

가치를 구하는 다이빙

다른 사람을 진정으로 이해하고 더욱 의미 있는 관계 형성을 원한다면, 이 전략으로 저 깊은 바닷속 보물을 손에 넣을 수 있다!

그러나 그 내용을 자세히 살펴보기 전에 가치를 구하는 다이빙에 왜 그만한 가치가 있는지 잠시 생각해볼 필요가 있다.

일단 가치가 무엇인지 생각해보자.

가치란 사람이 중요하게 여기는 것을 의미하며, 여기에는 다양성·성공·완전성·성실성·솔직함·타인의 인정·행복·자유 같은 개념이 포함된다. 이는 제1장에서 이야기한 여과 장치 중에서도 가장 강력한 종류라 할 수 있다.

그런데 우리는 어떤 가치를 귀중히 여기면서도 그것이 충족되지 않는 상황에 처하기 전까지 그 중요성을 잘 모르는 경우가 있다. 예를 들어, 평소에 '다양성'을 중요하게 생각하지 않는 사람도 주변 환경이 다양성의 본질을 제한하는 때가 되면 비로소 그 가치를 인식한다는 이야기다. 그리고 이런 상황에서는 다들 불만을 느끼기 마련이다. 그런 이유로 우리 눈에는 어떤 가치가 충족되는 상황보다 그렇지 못한 상황이 더욱 두드러져 보인다.

가치는 주변 환경에 의존적인 특성을 보인다. 그래서 사람은 인간관계, 직업, 가족 같은 삶의 각 요소에 따라 각각의 가치를 다르게 본다. 이렇게 형성된 가치관은 의사 결정에서 무의식적인 판단 기준을 제공하고 각종 결정 사항을 평가하는 도구로 작용한다.

그럼 이쯤에서 자기 자신에 대해 생각해보자. 당신이 이 책을 읽는 이유는 언제 어디서 누구 앞에서든 자신 있게 이야기하는 것이 매우 중요하기 때문이다. 그렇지 않았다면 아마 이 책을 집어 들지 않았을 것이다. 당신의 어떤 가치관이 책을 구매하는 데 관여했는지 궁금하다면, 다음 연습 과제를 해보자.

왜 중요한가?

다음 질문의 답이 무엇인지 잠시 고민해보고 적어 보자.
'사람들 앞에서 자신 있게 말하는 것이 내게 왜 중요한가?'
무엇을 알아냈는가? 그 답이 어떤 놀라움을 선사했는가, 아니면 원래 잘 알던 것인가?

어떤 답이 나왔을지는 모르겠지만, 여기서 한 가지 추측을 해볼까 한다. 아마 여기서 나온 답이 무엇인지 아는 사람은 세상에 그리 많지 않을 것이다. 그리고 그 답을 안다면 그들은 당신과 매우 가까운 사이일 가능성이 크다. 그렇지 않은가? 당신은 그런 정보를 아무한테나 알리는가, 아니면 철저히 신뢰하는 사람에게만 말하는가?

이 말이 진실에 가깝다면, 상대의 가치관을 이해하는 일이 얼마나 관계를 돈독하게 해주는지 당신도 이해했을 것이다. 이런 점에서, 누군가와 더욱 가까워지고 싶을 때 그 사람의 가치관을 이해하는 데 에너지를 쏟으라는 말은 확실히 일리가 있다.

이렇게 상대의 가치관을 이해하는 전략은 매우 강력한 효과를 발휘하며 동시에 실행하기도 매우 쉽다. 한 가지만 물으면 되기 때문이다.

그 질문은 바로 '…에서 무엇이/왜 중요한가?' 이다.

어떤 상황에서든 어떤 주제와 관련하여 궁금한 사항이 생겼을 때는 이 질문 방식을 활용하면 된다. 예를 들면 다음과 같다.

대화 상대 : "저는 매일 헬스클럽에 가요."

나 : "헬스클럽에 가는 게 중요한 일인가요?"

대화 상대 : "전 제 일이 정말 좋아요. 다양한 사람들을 만날 수 있거든요."

나 : "다양한 사람들을 만나는 데 큰 의미를 두시나 봐요?"

이런 질문을 던지면 단순히 해당 주제와 관련한 상대의 가치관을 아는 것을 넘어, 그보다 더 자세한 부분까지 물어볼 기회도 생기며, 결과적으로 더욱 강한 라포르가 형성된다. 이를테면 이런 식으로 말이다.

대화 상대 : "저는 매일 헬스클럽에 가요."

나 : "헬스클럽에 가는 게 중요한 일인가요?"

대화 상대 : "건강을 유지하고 활력 있게 살려면 꼭 가야죠."

나 : "건강과 활력이라, 거기에 무슨 이유라도?"

대화 상대 : "그냥 뭐, 애들이 다 자란 뒤에도 계속 건강하게 생활하고 싶어서 말이죠."

이 대화를 통해서 우리는 그가 매일 헬스클럽에 가는 진짜 중요한 이유가 건강 때문이며 그것이 그의 자녀와 관련이 있음을 알게 되었다. 또한 이 전략을 활용함으로써 얻는 중요한 부산물은 대화 중에 상대의 가치관과 어떤 행동의 원인을 지레짐작하지 않는다는 점이다. 그런데 문득 (매일 운동을 한다는 가정 하에) '헬스클럽에 가는 데 어떤 의미가 있나요?'라는 질문에 당신의 대답도 그러할지 궁금해진다.

당혹스러운 순간, 그리고 그 순간을 이겨내는 방법

당연한 말이겠지만, 모든 일이 언제나 계획한 대로 순탄하게만 굴러가지는 않는다. 지금까지 당신은 사람을 만나면서 '난처한 순간'을 맞이한 적이 있는가? 바로 다음과 같은 상황이 그에 해당한다.

- 이야기 소재가 다 떨어졌는데 대화 상대 역시 할 말이 없을 때
- 자신이 괜한 수다를 떨며 실없는 소리를 했다는 것을 알아차렸을 때
- 상황에 부적절한 말을 했을 때
- 어떤 주제를 말하기 시작한 직후 그것이 적절하지 않음을 깨달았을 때
- 대화를 회피하고 싶은데 도무지 빠져 나갈 길이 없다고 여겨질 때

그럼 이제 당혹스러운 몇몇 순간을 승리로 장식하는 방법에 대해 알아보자.

이야기 소재가 다 떨어졌는데 대화 상대 역시 할 말이 없을 때

아마 이때가 가장 당혹스러운 순간 중 하나가 아닐까 싶다. 특히 누군가를 처음 만났을 때는 더욱 그러하다. 물론 파티 장소에서 이런 일이 벌어졌다면 큰 문제가 되지 않겠지만, 연인과의 첫 번째 데이트라면… 그저 침묵만이 이어질 뿐!

그렇다면 자신감이 가득한 대화의 달인들은 이럴 때 어떻게 할까? 일단 한 가지 주목할 점은 그들이 침묵을 편안하게 여긴다는 사실이다. 생각해보면 금방 알겠지만, 이 문제는 침묵 자체를 어떻게 생각하느냐에 달렸다. 대다수 사람들에게 무언(無言)의 순간은 정신적 공황 상태의 도래를 알리는 신호와도 같다. 그럼 그때부터 우리는 안절부절못하며 뭔가 말할 거리가 없는지 찾는다. 그 침묵을 깨는 것이 자신의 의무라고 여기며 상대가 어떤 생각을 할지 걱정하기 시작하는 것이다. 그러면서 이야깃거리를 찾는 일은 더욱더 절망적으로 변해 가고, 그렇게 뭔가를 찾을수록 제대로 된 대화의 소재는 줄어들게 된다.

자신 있게 사회생활을 영위하는 이들에게 이런 순간은 이야기를 계속 이어가기 위한 쉼표를 의미한다. 그들이 그렇게 편안한 상태를 유지한다는 말은 그 사이에 뭔가 새로운 화제를 찾아 곧 대화를 재개한다는 뜻과 같다.

물론 현 단계에서는 침묵과 친해진다는 말이 너무 먼 나라 이야기처럼 들릴지도 모른다. 그렇다면 그만큼 자신감이 생기기 전까지 우리는 어찌하면 좋단 말인가? 우선 지금은 두 필자가 앞에서 제시한 몇몇 기술을 활용하는 것만으로도 충분하다. 하지만 어떤 전략을 펼치든 간에, 크게 숨을 들이쉬고 마음을 편히 먹도록 하라.

'시선을 사로잡는 핸드백' 혹은 그에 상응하는 요소를 활용하라

'전 항상 그 반지/시계/재킷이 멋지게 보이더군요. 어디서 사신 거죠?'

'이 집은 파티하기에 안성맞춤이네요. 저희 집 같으면 이 많은 사람이 다 들어가지도 못했을 거예요. 댁은 어떠실 것 같아요?'

'여기 요리는 정말 먹을 만하네요. 그런데 음식 중에선 무얼 제일 좋아하시나요?'

'저 사람들 소파/탁자/벽지/그림은 어디서 구했는지 궁금하군요. 근데 당신은 가구/…/… 등을 살 때 어디 가서 사세요?'

전에 언급했던 주제를 다시 이야기하며 더 많은 정보를 얻어라

'전에 집에서 개를 키운다고 말씀하신 적 있잖아요. 저도 개를 키울까 하는데 집에 아주 어린 아이가 있으면 따로 고려해야 할 게 있을까요?'

'올해 휴가 때 그리스로 간다고 하셨는데, 만약에 여름 내내 쉴 수 있다면 어디로 가실 생각인가요?

자신의 인생 이야기, 뉴스에서 읽은 기삿거리 등 머릿속에 든 다양한 정보를 풀어헤쳐라

'여기 오니까 버밍엄에 살 때 참석했던 파티가 하나 생각나네요. 혹시 잉글랜드 중부 지방에 대해 잘 아시나요?'

'이번 여름에 항공사 파업이 있을 것 같다는데 들으셨어요? 휴가 계획은 어떻게 하셨나요?'

자신이 괜한 수다를 떨며 실없는 소리를 했다는 것을 알아차렸을 때

이런 상황에서 두 필자가 가장 좋아하는 대처법(실제로 꽤 도움이 되는 수단으로, 엠마는 그 효과를 알고 벌써 수차례나 이 비법을 사용했다!)은 바로 이것이다. '(자조적인 웃음을 띠며) 어머, 내 정신 좀 봐. 제가 주책을 떨었네요. 어휴 정말, 이제 그만 해야겠어요!' 이 방법은 실제로 심하게 주책을 떨었다고 해도 '너무 미안해하지 마세요. 괜찮아요.'라는 호의적인 반응을 이끌어 냄과 동시에 다음과 같은 효과를 나타낸다.

• 인간적인 모습을 드러낸다.

• 자각 능력이 있음을 보여준다.

• 타인을 의식하고 있음을 보여준다.

• 라포르를 형성하게 해준다. - 당신과 마찬가지로 어느 순간 대화 중에 괜한 소리를 하는 사람이 얼마나 많을지 상상해보라.

• 그 실없는 소리를 멈추게 해준다!

상황에 부적절한 말을 했을 때/어떤 주제를 입에 올리고 갑자기 그것이 적절하지 않음을 깨달았을 때

게리의 이야기

(신변 보호를 위해 가명을 사용)

게리는 동창회 파티에 참석했다. 거기서 그는 우연히 옛 급우인 찰리를 만나 이야기를 나눴다.

게리 : 이야 찰리! 만나서 반갑다. 어떻게 지내?

찰리 : 나야 잘살고 있지. 넌 어때?

게리 : 아, 물론 나도…….

이때 게리는 저쪽 맞은편에 있는 샐리를 발견한다. 샐리는 찰리와 마찬가지로 그와 같은 반에서 함께 공부한 사이다.

게리 : 어우, 샐리가 왔네. 분위기 또 엄청 썰렁해지겠네. 쟤 기억하지?

찰리 : 그럼, 우리 작년에 결혼했는걸.

당연한 소리겠지만, 이런 상황에서는 가장 먼저 자신의 언사가 부적절했음을 알아채야 한다. 아마 다들 실언을 하고도 무슨 소리를 했는지 모른 채 자기 할 말만 하는 사람을 한 번쯤은 만나 봤을 것이다. 그런 사람은 마치 빙하기가 오듯 온 주변이 얼어붙는데도 아랑곳하지 않는다!

따라서 일단 자기가 무슨 짓을 저질렀는지 깨달았다면, 문제 해결 지점까지 절반 이상은 다가간 셈이다. 여기서 한 가지는 확실히 알아두자. 바로 이런 상황이 닥치면 누구나 당황한다는 사실. 제아무리 인간관계에 자신이 있는 사람이라도 이 점은 마찬가지다.

그런데 대관절 자기가 무슨 잘못을 했는지 어떻게 알아챈단 말인가? 방금 발을 내디딘 그 자리가 위험 지역임을 알리는 신호는 과연 무엇일까?

우리는 이어지는 제4장에서 타인과 라포르를 형성하는 방법과 더불어 상대방의 생각과 행동 변화를 확인하는 전략에 대해 살펴볼 것이다. 그리고 제6장에서는 여러 가지 까다로운 상황에 대처하는 효과적인 방안이 무엇인지 확인할 것이다. 따라서 일단 현 단계에서는 가장 기본적인 몇 가지 요소만 다루도록 하겠다.

이번 장을 시작하면서 우리는 대화 상대에게 지속적으로 귀를 기울여 관심을 드러내는 전략을 소개했다. 그런데 이 방법은 대화 중에 다른 사람의 변화를 알아채는 데도 도움이 된다. 우선 표정이나 행동 및 상태(필요하다면 제2장을 펼쳐 이 개념을 확인하기 바란다) 변화를 눈으로 확인할 수 있다. 그리고 말투나 음색의 변화를 듣거나 어떤 변화를 느끼게 된다. 그러고 보면 다들 자신이 뭔가 해서는 안 될 말을 했음을 직감적으로 알아차린 적이 있지 않은가?

그런 상황에서 우리는 세 가지 길을 선택할 수 있다.

- 계속 대화하면서 그 문제를 무시하는 것
- 주제를 바꾸는 것
- 실수를 인정하고 대화를 이어가는 것

과연 무엇을 선택해야 할까? 사실 이때 골라야 할 길은 딱 한 가지, 실수를 인정하는 것뿐이다. 잘못을 했다면 다음과 같이 사과하는 마음을 전하라.

'아, 정말 죄송합니다. 이 입이 방정이었네요!'

'제 입에서 그런 말이 나오다니 믿기지가 않네요. 정말 죄송합니다.'

그리고는 곧장 입을 다물어라!

어떤 주제를 이야기하고 곧바로 그것이 적절하지 않음을 깨달았을 때도 이 전략은 효과를 발휘한다. 그냥 사실을 인정하고 다른 사람에게 바톤을 넘기거나, 혹여 상대방과 둘만 있을 때는 이야기를 다른 주제로 전환하고 질문을 던지도록 하라.

'죄송합니다. 아무래도 이 이야기는 하지 않는 편이 나을 것 같군요. 커피나 한 잔 더 하실까요?'

'제가 괜한 말을 꺼낸 것 같은데, 용서해 주셨으면 좋겠네요. 그냥 다른 이야기를 하는 편이 낫겠어요. 남은 기간에는 뭘 할지 계획해 두신 게 있는지요?

이 전략은 곤경을 벗어날 기회를 제공하는 동시에 당신이 솔직한 대화의 힘을 잘 알고 타인을 배려하는 사람이라는 인상을 남긴다. 결국 당신이 그 자리를 떠난 뒤에도 좋은 메시지가 남게 된다.

이 모든 내용을 한 문장으로 요약한다면 이렇지 않을까 싶다.

'수렁에 빠졌을 때는 더 이상 바닥을 파헤치지 마라!'

대화를 회피하고 싶은데 도무지 빠져 나갈 길이 없다고 여겨질 때

아마 다들 누군가와 이야기를 나누던 중에 대화를 멈추고 다른 일을 하길 바란 적이 있을 것이다.

어떤 때는 자신이 남에게 어떤 영향을 미치는지 모른 채 계속 수다를 떠는 사람들 때문에 그런 생각이 떠오르기도 한다. 그들은 자기 이야기가 매우 재미있다고 생각하며 그 앞에 있는 대화 상대가 참으로 운 좋은 사람이라고까지 여긴다.

또 부끄럼 많고 신경이 예민한 사람들이 초조함을 해소하려고 끝없이 말할 때도 우리는 대화에서 벗어나고 싶어 한다.

그런데 이런 사람들의 수다 앞에서 벗어나고 싶어도 벗어나지 못하는 가장 큰 이유 중 한 가지는, 우리가 대부분 상대의 기분이 상하지 않게 하려고 애쓰기 때문이다. 그들이 '세상에서 가장 따분한 이야기' 대상을 받을 만큼 재미없는 이야기를 늘어놓는다 해도 이 점만큼은 크게 달라지지 않는다.

따라서 이때는 상대의 기분을 상하지 않게 하면서 대화를 끊는 것이 목표라 하겠다. 두 필자는 멋지게 이 문제를 해결하자는 생각으로 NICE한 공식을 마련했다.

N(이름/Name) : 사람은 누구나 자기 이름에 반응한다. 다들 그러지 않고는 못 배긴다. 인간은 이름에 반응하도록 프로그래밍 되었기 때문이다. 따라서 상대의 말을 그 즉시 멈추고 싶을 때 가장 좋은 방법은 그 사람의 이름을 말하는 것이다. 그럼 상대는 당신에게 주목하게 된다.

I(흥미/Interest) : 그 사람에게 지금까지 들은 이야기가 흥미로웠다고 이야기하라. 그리고 함께 대화를 나눠 즐거웠다고 표현하라. 한마디로, 상대방의 기분이 좋아지도록 추켜세우는 것이다.

C(끝내다/Conclude) : 그다음에 할 일을 설명하고 대화를 끝낸다.

E(퇴장/Exit) : 다음 기회에 다시 이야기를 나누고 싶다고 언질을 주며 유쾌한 모습으로 자리를 떠난다.

그럼 예시를 살펴보자.

N : "조지, 이야기 참 즐거웠네. 특히 자네 아이들 이야기가 재미있었어."

I : "아무래도 그 애들이 제 친구 또래 두 명쯤은 거뜬히 쓰러뜨리 겠는걸."

C : "그런데 말이야, 메리가 가기 전에 얼굴을 좀 봐야 할 것 같아 서 말이지. 그래서 미안하지만 좀 가 봐야겠어."

E : "조만간 다시 담소를 나눌 시간이 생기길 바라네."

어쩌면 예문에서 나온 표현이나 말투가 당신과는 잘 맞지 않을지 도 모른다. 혹시 그렇다면 이 방법을 각자의 방식에 맞춰 활용하기 바란다. 무엇이든 간에 자기한테 가장 편한 방법이 가장 큰 효과를 내는 법 아니겠는가. 단지 이 NICE 공식만 따르면 그만이다.

Tip 진정으로 자신감 넘치는 모습으로 이 공식을 활용하고 싶다면, 몸에 완전 히 배어 익숙해질 때까지 연습하고 또 연습하라.

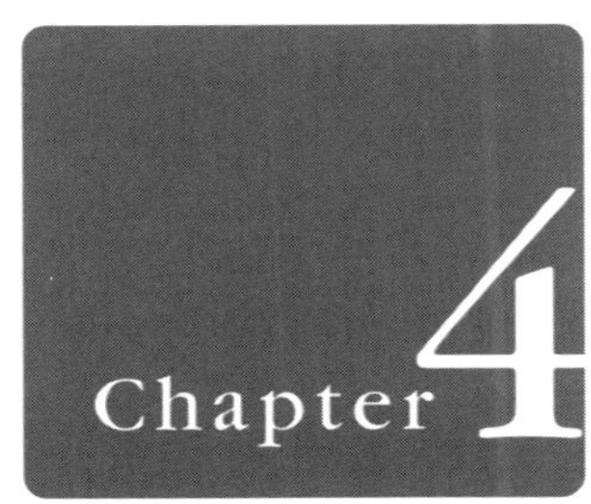

라포르 및 관계 형성 방법

당신은 친한 친구와 함께 있을 때 서로가 같은 행동을 하는 것을 불현듯 느낀 적이 있는가? 동시에 음료수를 마시고, 발을 맞춰 걸어가고, 같은 순간에 웃고, 거의 같은 자세로 앉고, 내가 머리를 긁으면 옆에 있는 사람도 같이 머리를 긁게 되는 그런 순간이 있다. 사실 이런 일은 늘 일어나지만 우리는 대체로 그것을 인식하지 못한다. 그저 우리가 아는 바는 그 사람과 함께 하면 매우 마음이 편하고 즐겁다는 사실뿐이다. 라포르란 바로 그런 관계를 뜻한다.

# 가장 중요한 것을 가장 먼저

세상에는 처음 만난 순간부터 왠지 모르게 끌리는 사람이 있고 반대로 한순간의 만남으로는 크게 매력을 느끼기 어려운 사람이 존재한다. 원래 세상일이 다 그렇고 그렇다.

그런데 재미있는 사실은 우리가 어떤 사람을 두고 그 한순간에 판단을 내린다는 점이다. 아마 당신에게도 비슷한 경험이 있을 것이다. 파티장 같은 장소로 걸어 들어가니 그곳에 지금까지 한 번도 만나 보지 못한 사람들이 여러 명 보인다. 그럼 거기서 방을 쭉 둘러볼 테고…. 물론 남자보다는 여자가 그런 일을 잘하지만, 일단 그런 내용은 여기서 다룰 주제가 아니다. 아무튼, 그렇게 주위를 둘러보다가 누군가가 눈에 들어오면 우리는 조금도 망설이지 않고 그 순간에 이런 생각을 한다. '저 사람들은 꽤 괜찮은걸. 좀 있다가 말을 걸어 봐야겠어.'

이와 마찬가지로, 또 다른 누군가를 보고는 특별한 이유도 없이 이런 생각을 하기도 한다. '에이, 저 사람은 영 아니다!'

대체 무슨 일이 일어난 것일까? 왜 이런 결과가 나온단 말인가?

잠시 자리에 앉아서 당신의 지인 중 누군가를 처음 만났을 때를 생각해보자. 어쩌면 얼마 전에 처음 보는 사람을 소개받은 적이 있을지도 모른다. 만약 그랬다면, 당시 상황을 떠올려보기 바란다.

- 그 사람의 어떤 점에 주목했는가?
- 첫인상은 어땠는가?
- 그 사람에 대해 어떤 평가를 내렸는가?

만남의 순간이 좋든 싫든 간에 사람은 상대방에 대해 꽤 빠른 속도로 평가를 내린다. 그리고 그 평가 기준에는 매우 다양한 요소가 관여한다.

자, 당신이 지금 이 글을 쓰는 나를 평가한다고 생각해보자. 그때 평가 요소 중에는 내 힘으로 어찌할 수 없는 것도 있고 반대로 그렇지 않은 것도 있다. 가령, 내 키나 나이, 성별, 민족, 사투리(물론 바꾸려고 노력하지 않을 때) 같은 요소는 바꿀 수 없다.

하지만 외모, 옷, 머리 모양, 몸에서 나는 향취, 눈 맞춤, 악수, 자세, 몸짓, 표정, 말소리, 인사말 등은 내 의지로 어떻게든 할 수 있다.

첫 만남에서 사람들이 무엇에 주의를 기울이는지 미리 알아두면 그만큼 좋은 첫인상을 주기 쉽기에 이 정보는 매우 중요하다. 다들 이런 말은 한 번씩 들어봤을 것이다. "좋은 첫인상을 만들 기회는 두 번 다시 오지 않는다." 이렇듯 우리는 첫 만남을 매우 중요시한다.

하지만 첫인상이 별로 좋지 않다고 해서 그것을 만회하지 못한다는 뜻은 아니다. 대신 그러기 위해서는 다양한 반증의 사례와 함께 많은 시간이 필요하다. 아무튼, 사람을 만날 때 좋은 첫인상을 주도록 가능한 한 모든 노력을 하라는 말에는 꽤 신빙성이 있다.

그렇다면 대관절 우리는 첫 만남의 순간에 다른 사람의 무엇에 주목하는가?

앞에서 이야기했던 평가 요소, 즉 자기 힘으로 좌우할 수 있는 것과 그렇지 않은 것을 모두 생각해보면, 그것들이 크게 세 가지 영역으로 나뉜다는 사실을 알 수 있다.

- 언어적 요소 : 자신이 쓰는 말
- 음성적 요소 : 어조, 말하는 속도 · 리듬 · 크기 등
- 시각적 요소 : 외모, 자세, 몸짓, 표정 등

한마디로 인간은 의사소통과 관련된 '정보 다발'에 주목하는 것이다.

그럼 이제는 이런 의문이 생긴다. '그렇다면 이 중에서 무엇에 가장 신경을 써야 하는가?' 여기서 이 의문의 답을 찾기 위해 앨버트 메라비언(Albert Mehrabian)의 연구 결과를 살펴볼 필요가 있다. 그는 세 가지 영역 중 무엇이 첫 만남에서 상대적으로 중요성을 띠는지, 그리

고 상대가 '좋다/싫다' 는 판단을 하는 데 이것이 얼마만큼 영향을 미치는지 연구했다. 그는 여기서 밝혀진 결과를 영역별 백분비로 전환하여 표시했다.

아마 독자 여러분 중에는 메라비언 박사의 연구를 이미 잘 아는 사람도 있을 테고, 이런 정보를 처음 접하는 사람도 있을 것이다. 만약 이 자료를 지금껏 본 적이 없다면, 결과를 확인하기 전에 나름대로 추측을 해보고 자기 경험이 메라비언 박사의 연구 내용과 얼마나 일치하는지 맞춰 보자.

여기서 그가 도출한 결론은 상당히 놀랍다. 각 평가 요소를 포함한 세 가지 영역의 상대적 중요성을 백분비로 표시한 결과는 다음과 같다.

- 언어적 요소 : 7퍼센트
- 음성적 요소 : 38퍼센트
- 시각적 요소 : 55퍼센트

과연 이것이 무슨 뜻일까? 일단 여기에 어떤 의미가 있는지 살펴보기 전에, 이 자료가 뜻하지 않는 바를 먼저 짚고 넘어가야겠다. 이 결과에서 언어적 요소의 수치가 작다고 해서 말 자체가 중요하지 않다는 뜻으로 받아들여서는 안 된다. 당연히 만남에서 언어는 중요하다. 다만 우리가 만남 초기에 '싫다/좋다' 는 판단을 내릴 때는 겉으로 보이는 것에 크게 신경을 쓸 뿐이다. 실제로 다들 어느 정도는 상대가 말을 하기도 전에 그 사람에 대해 이미 판단을 내린 경험이 있을 것이다.

여기서 또 하나 주목해야 할 점은, 시각 및 음성 메시지가 무의식적으로 수신되는 데 비해 언어적 신호(말)는 의식적 수준에서 처리된다는 사실이다.

이런 내용을 이야기하는 이유는, 인간이 시각적 요소와 음성적 요소에 완전히 무의식적으로 반응한다는 사실이 매우 중요하기 때문이다. 우리는 누군가를 보고 곧바로 판단을 내리지, 사람을 보고 잠시 멈춰 서서 생각해본 후 판단하지 않는다. '어디 보자. 넥타이가 별로 깔끔하질 않네. 다들 머리 왼쪽은 빗질을 안 했나 보군. 마치 겁에 질린 것처럼 등이 좀 구부정한데. 내 눈을 똑바로 보지도 않잖아. 내 왼쪽 눈썹에서 6센티미터는 더 위쪽을 쳐다보는 것 같아. 지금까지의 정보를 토대로 하면, 나는 저 사람들을 믿지 못하겠어.'

판단의 메커니즘은 저렇지가 않다. 그 결과는 눈앞의 이미지가 여과 장치로 유입되고 대상과 관련된 모든 정보가 머릿속의 컴퓨터로 입력되는 순간 눈 깜짝할 사이에 도출된다.

그런데 그 '눈 깜짝할 사이'에 우리는 과연 무엇을 살피는 것일까? 아마 다들 이런 말을 들어보지 않았을까 싶다. '사람은 자신과 닮은 사람을 좋아한다.' 그리고 이 말에는 꽤 타당성이 있다. 마음이 매우 잘 맞는 당신의 친구나 동료를 생각해보면, 그들의 공통점을 금방 알아챌 수 있을 것이다. 그렇게 사람은 언제나 무의식적으로 자신과 닮은 이들에게 눈길을 돌린다.

일반적으로 사람은 대부분의 시간을 가장 친한 사람들과 함께 보낸다. 너무 당연한 얘기일 것이다. 그리고 그런 이들과 함께하면 라포르는 자연스레 형성되기 마련이다. 이 점은 굳이 생각해볼 필요도 없는 이야기가 아닐까.

하지만 대화를 나누기가 다소 까다로이 여겨지는 사람들을 만났을 때는 어떤 일이 일어날까? 물론 다들 이런 일을 한두 번쯤은 겪어봤을 것이다. 누군가를 만나 잘 알고 지낼 필요가 있는데 생각처럼 그 사람과 관계를 맺기가 쉽지 않은 그런 경우 말이다. 바로 이럴 때 라포르 형성의 기술이 진가를 발휘한다. 그리고 바로 이것이 자신감 넘치는 세상 모든 대화자의 주요 기술 중 하나다.

당신에게 이 책을 읽는 이유가 무엇이고 업무 및 사회생활에서 가장 까다롭게 여겨지는 상황이 무엇이든, 또 자신 있게 대화를 나누고 싶은 상대가 누구든 간에, 라포르를 구축하는 이 기술만 완벽하게 익힌다면 당신은 더욱 손쉽게 성공적으로 목표를 달성할 수 있다.

이 기술은 인간관계를 쌓고 신뢰감을 형성할 때는 물론, 각종 부정적인 경험에 대한 선입견을 변화시키고 상대방을 더욱 깊이 이해하는 데 반드시 필요하다.

하지만 걱정하지 않아도 된다. 이것은 말 그대로 기술이기에 우리가 마음만 먹으면 배울 수 있으니까. 물론 숙달하기까지 조금 시간이 걸릴지도 모르지만, 노력을 들일 가치는 충분하다. 왜? 그것은 라포

르가 성공적인 의사소통의 필수 요소이며, 타인과의 관계에서 바람
직한 결과를 도출하는 궁극의 수단이기 때문이다.

당신과 나는 참 많이 닮았어요

우리는 일찍이 자신의 믿음, 가치, 경험이 순간순간의 경험을 어떻게 걸러 내는지 살펴본 바 있다. 그렇기에 누군가를 처음 만날 때 이런 여과 장치가 작동한다는 사실은 이제 그리 놀랄 이야기도 아니다. 그리고 앞에서 언급한 대로 누구나 자신과 닮은 사람을 찾는다는 점을 생각해봤을 때, 만남의 순간에 적용되는 이 장치의 여과 기준은 바로 상대와 나의 유사성이다.

바꿔 말하자면, 그 사람과 나 사이에 일종의 동반자 관계가 형성될 수 있는지 아닌지를 찾는 것이다. 그러한 관계의 가능성을 나타내는 지표는 다음과 같다.

- 외모
- 자세
- 몸짓과 움직임

- 말소리
- 의사 전달 수단
- 믿음
- 가치

앞에서 이야기한 메라비언 박사의 연구 결과(언어적 요소 7퍼센트, 음성적 요소 38퍼센트, 시각적 요소 55퍼센트)를 고려해 보면, 사람은 첫 만남에서 위 목록에 제시된 처음 네 가지에 가장 큰 영향을 받게 돼 있다. 인간은 그러한 요소에 무의식적으로 즉각 반응을 보이는 것이다. 그럼 이쯤에서 이 말을 한번 생각해보면 좋지 않을까 싶다.

'사람이 의사소통 없이 살기란 불가능하다.'

우리는 때때로 한없이 과묵해지거나 주위의 관심에서 벗어나길 바라고, 자신에게 뭔가를 바꿀 힘이 없다고 여기거나 심지어는 아예 자신이 남들 눈에 띄지 않길 바란다. 그런데 과연 다른 사람들은 그런 속마음을 알아채고 그때도 우리를 판단할까? 분명히 그럴 것이다.

당신은 그렇게 '아무 말 없이' 시간을 보내고 싶었던 적이 있는가? 어쩌면 그 모임 장소에 아는 사람이 별로 없어서 그랬을지도 모른다. 아니면 그 분위기를 즐기면서 말없이 이야기를 듣는 것이 좋아서 그랬을지도 모르고. 그러면 그때 누군가가 다가와서 이렇게 말한다.

‘오늘따라 말씀이 없으시네요. 무슨 문제라도 있나요?’

여기서 말하고자 하는 바는, 바로 다른 사람들이 우리의 상태를 끝없이 판단하고 평가한다는 점이다. 물론 그 반대의 경우도 마찬가지다!

과연 빠르고 손쉽게 라포르를 쌓고 자신 있게 대화를 나누기 위해 이 정보를 어떻게 이용해야 할까? 늘 가장 까다롭다고 여겨지는 첫 만남에서 순조롭게 대화를 이어가려면 이 지식을 어떻게 활용해야 할까? 당신은 지금까지 그 어색한 분위기가 깨지고 모든 이야기가 술술 풀리는 것 같은 기분을 느낀 적이 있는가?

일단 가장 먼저 해야 할 일은 어디든 문을 열고 들어서는 그때 최상의 상태, 즉 자신감이 넘치는 상태를 유지하는 것이다.

그렇다면 바로 첫 만남의 순간에 좋은 관계를 맺는 동시에 자신감이 담긴 메시지를 전하려면 우리는 무엇을 해야 할까? 우선 당신 주위에서 자신감 있게 대화하는 사람들을 생각해보자. 그 사람들이 구부정한 자세로 서 있는가? 아니면 바닥을 보고 있는가? 또 그들이 다른 사람과 눈을 마주치길 피하는가? 아마 절대로 그런 일은 없을 것이다. 어째서 그렇단 말인가? 왜냐하면, 신체 반응과 행동의 제어가 우리 감정과 몸의 상태에 막대한 영향을 미치기 때문이다. 실제로 땅바닥만 쳐다보며 길을 거닐 때 사람은 금세 ‘가라앉는’ 기분을 느끼게 된다. 그러나 이와 반대로 늘 ‘위’를 보고 다니면 ‘가라앉는’ 기분은 좀처럼 느끼기 어렵다.

여기서 알 수 있는 사실은 사람이 긴장감이나 불안감을 느낄 때 그 상태와 긴밀하게 연결된 신체 반응을 보인다는 점이다. 그때 우리는 특정한 자세를 취하거나 어떤 방향으로 시선을 고정하고, 혹은 특별한 행동을 하거나 평상시와 다른 어조로 말을 한다.

Tip 몸과 마음의 상태를 바꾸고 싶다면, 먼저 신체 반응을 바꿔라.

자신감을 느끼는 동시에 그것을 밖으로 드러내고 싶다면, 자신감을 부르는 자세와 행동을 취하라.

- 바르게 서라.
- 고개를 곧게 세워라.
- 대화 상대와 똑바로 눈을 맞춰라.
  - 상대방이 그 행동에 특별한 의미가 있음을 느끼도록 충분히 시선을 교환하되, 위협을 느낄 정도로 오래 눈을 맞추지는 마라.
  - 어느 정도로 눈을 맞춰야 대화 상대가 불편함을 느끼지 않을지 주의하고 거기에 맞게 적절히 행동한다(이럴 때는 타인에게 집중할수록 긴장감을 느낄 가능성이 줄어든다).
  - 집단을 대상으로 말할 때는 구성원 개개인과 눈을 맞추도록 하라.

- 웃어라! 진심이 담긴 미소가 자신과 다른 사람들에게 미치는 영향을 과소평가하지 마라.

- 꿋꿋한 자세를 계속 유지하라.
  - 양다리를 골반 너비로 벌려서 서라(남녀 모두에게 해당한다).
  - 다리에 체중을 고르게 분산시켜라.

- 걸을 때는 확실한 목적을 두고 움직여라.

- 편안하게 깊이 숨을 들이쉬고 내쉬어라. 복식 호흡으로 숨을 깊이 들이마시고 내뱉으면 긴장이 완화되고 자신감이 넘친다는 신호가 뇌로 전송된다. 혹여 신경과민에 시달려 곧바로 그 문제를 해결할 필요성을 느낀 적이 있다면, 제7장에 제시된 전략이 큰 도움이 될 것이다.

Tip: 위 목록에서 어떤 방법보다도 큰 효과를 내고 자신감을 불러일으키는 데 도움이 되는 것은 바로 눈 맞춤이다. 시선을 맞추는 행위는 자신감을 드러내는 증거로서 그 어떤 행동과 태도보다도 중요하다.

게다가 눈 맞춤은 다른 사람의 마음을 얻는 가장 쉬운 방법이다. 상대와 나의 관계가 어떤 형태든 간에 눈을 맞추는 행위는 모든 일의 시작이며, 동시에 라포르를 구축하기 위한 열쇠이기도 하다.

따라서 언제 어디서 그리고 누구 앞에서든 진정으로 자신 있게 말하고 싶다면, 먼저 상대방과 즐겁게 눈을 맞출 줄 아는 능력부터 길러야 한다.

심신의 상태를 변화시키자

1. 신체 반응을 바꿔 자신감을 불러오는 연습을 하자. 나에게 가장 적합한 자세와 행동을 확인하고 꾸준히 연습해 보자.
2. 다음에 누군가를 만날 때는 그 사람과 눈을 잘 맞추는 데 집중하고 어떤 긍정적 변화가 일어나는지 주목하라.

지금까지 밝고 자신감 넘치는 심신 상태를 만드는 전략을 살펴봤다. 그럼 이번에는 라포르가 형성됐을 때 어떤 일이 생기는지 생각해 보자. 우리는 사람들이 친하다는 것을 어떻게 알까?

술집이나 식당 같은 곳에서 사람들을 관찰해 보면, 당신은 아마 거의 직관적으로 누가 친구이고 누가 그렇지 않은지 알아챌 것이다. 그렇게 유심히 그 모습을 살펴보면 각 집단이 드러내는 행동 패턴의 차이를 알 수 있다. 라포르가 충만한 친구 집단은 마치 춤을 추듯 상대방에게 반응을 보낸다. 그곳에서는 한 사람의 행동이 메아리치듯 혹은 거울에 반사되는 것처럼 다른 사람에게 퍼져 나간다. 이를테면, 친구 중 누군가가 앞으로 몸을 기울이면 함께 이야기를 나누는 다른 사람들 역시 앞으로 몸을 기울이거나 그 방향으로 각자 어떤 자세를 취한다는 뜻이다.

실제로 마음이 잘 통하는 두 사람의 모습을 지켜보면 그들의 자세·몸짓·행동·양식·말 속에 담긴 리듬까지도 유사하다는 사실을 알 수 있다. 만약 그들과 함께 길을 걷는다면 아마 당신의 눈에는 서로 발을 맞춰 걷는 모습이 들어올 것이다.

- E.M. 포스터(E.M. Foster)《전망 좋은 방(A Room with a View)》, 1908

이들은 모두 서로의 행동을 '일치시키고' 있다. 이들이 보이는 현상은 무의식적인 수준에서 자연스럽게 일어난다. 실제로 필자들이 개최하는 워크숍의 참가자들은 자신이 타인과 '라포르'를 형성하여 서로의 행동이 일치한다는 사실을 전혀 모르고 있다가 우리가 그 점을 지적하면 그제야 그 상황을 인식한다. 게다가 그 라포르가 집중적인 논의의 대상이 되는 때는 바로 그런 환경이 조성된 순간뿐이다! 그러니 일상생활 속에서 사람과 사람 사이에 어떤 일이 일어나는지 의식적으로 주의를 기울이기란 거의 불가능하다 할 수 있다.

그러나 일단 누군가와 라포르를 형성한 적이 있는 사람이라면 분명히 이런 관계에서 나타나는 긍정적인 효과를 알 것이다.

- 상대방과 어울리는 것을 즐긴다.
- 그 사람과 편히 이야기할 수 있음을 안다.
- 사물을 같은 관점에서 본다.

- 같은 사고방식으로 생각한다.
- 친근함을 느낀다.
- 그 사람을 또 만나길 기대한다.

이 모든 효과가 의미하는 바는, 라포르를 쌓는 다채로운 기술이 당신의 인간관계에 진정 마술 같은 힘을 발휘한다는 것이다. 게다가 더 멋진 소식은, 이것이 실존하는 기술이기에 우리가 배울 수 있다는 사실이다.

가장 중요한 것을 가장 먼저

　라포르를 쌓는 기술을 살펴보기 전에, 어느 정도 기초를 닦아 둘 필요가 있다. 다른 사람과 훌륭히 라포르를 구축하고 좋은 관계를 만들고자 한다면, 먼저 당신 자신이 그것을 원해야 한다! 함께하는 이들에게 진심 어린 관심과 호기심을 보이지 않는다면 이러한 노력도 단순한 시늉으로 끝날 뿐이다.

　아마 다들 이런 경험을 해본 적이 있을 것이다. 누가 내게 관심을 기울이는 것 같긴 한데 실제로는 그런 느낌이 전혀 들지 않는 경험말이다. 그냥 별다른 신호가 없어도 그 감각이 느껴질 때가 있다. 어떤 때는 상대의 심중이 뻔히 눈에 보이기도 한다. 대화 중에 내 어깨너머로 다른 이들을 주시하거나 하는 행동을 통해서 말이다. 또 직감적으로 이런 생각이 들기도 한다. '저 사람은 날 전혀 신경 쓰지 않는군!' 그런 사람이 하는 일은 모두 기만적으로 느껴진다. 그런 느낌이 드는 이유는 실제로 상대가 진심에서 우러나온 행동을 하지 않기 때문이고, 그렇게 거짓된 모습은 절로 티가 나기 마련이다. 그렇기에 이번 장의 모든 내용, 아니 이 책에 실린 모든 정보를 익힌 후에는 그 지식을 진실하고 열성적이며 호의적인 태도로 사람들을 더욱 깊이 알고자 하는 데 활용하라. 그러면 진정 큰 성과가 나타날 것이다.

그럼 이쯤에서 잠시 쉬어 가는 느낌으로, 우리가 정말 원하는 것이 무엇인지 생각해보자. 만약 진짜로 언제 어디서 누구 앞에서든 자신 있게 말하는 동시에 그 자리를 떠난 뒤에도 계속 좋은 인상을 남기고 싶다면, 상대에게 관심을 보이고 호기심을 느끼기 위해 그야말로 온 힘을 다해야 한다.

물론 살다 보면 좋아하는 사람만 만나기도 어렵고, 매우 곤란한 상황에 직면하기도 하며, 다음과 같은 대화를 피하고 싶은 순간도 오기 마련이다.

- 그다지 친밀하지 않은 상사와의 대화
- 늘 자신을 곤란하게 하는 동료와의 대화
- 과학 이론을 늘어놓으며 말문을 막으려는 전문가와의 대화
- 매우 거만한 사람과의 대화
- 불만을 제기해야 할 때
- 내 주장을 고수해야 할 때
- 내게 뭔가 언짢은 일을 저지른 친구에게 그 문제를 직접 말해야 할 때

하지만 상대를 이해하고 효과적으로 확실하게 자기 생각을 이해시키는 한편 라포르를 쌓길 진심으로 바라며 대화에 참여한다면, 훨씬 성공적으로 바람직한 인간관계를 구축할 수 있을 것이다.

일단 라포르를 키우는 기술에 몰두하기에 앞서, 상대와 자신의 공통된 관심사를 확립하기 어렵다는 관점에서 모든 것을 시작해야 한다.

물론 친한 사람들과 이야기할 때는 별다른 어려움이 없다. 이미 서로 무엇을 좋아하는지 잘 알고, 또 그렇지 않았다면 친구가 되지 못했을 테니까. 따라서 낯설거나 친밀도가 낮은 사람을 대상으로 가장 먼저 할 일은 바로 공통된 관심사를 찾는 것이다. 그러려면 무엇을 해야 할까?

여기서 우리의 첫 번째 임무는 상대와 나의 공통적인 관심사가 무엇인지 알아내는 일이고, 그러기 위해서는 제3장에서 살펴본 질문법을 활용해야 한다. 하지만 정말 중요한 사실 한 가지는, 질문을 하기 전에도 어느 정도는 라포르가 필요하다는 점이다. 사실 꽤 맞는 말이다. 그렇지 않은가? 전혀 알지도 못하는 사람이 뚜벅뚜벅 걸어와 갑자기 질문을 쏟아 내기 시작하면 참 당황스러울 테니 말이다.

지금부터 우리가 살펴볼 내용은 바로 이런 상황에서 필요한 기술과 전략이다. 이제 라포르를 쌓는 가장 쉽고 빠른 방법을 확인하고, 본격적으로 이 기술을 활용하기 위해 질문을 던질 기회를 만들어 보자.

라포르 형성 - 계획하기

혹시 이런 경구(警句)를 들어봤는지 모르겠다. "제대로 계획을 세우지 않는다면, 이는 곧 실패할 계획을 세운 것과 같다" 물론 두 필자는 당신이 모든 일을 기계처럼 딱딱하게 대하거나 사무적으로 다루길 바라지는 않는다. 우리는 모든 사람이 행사와 만남의 자리를 진심으로 즐기길 바란다. 하지만 준비와 계획은 특히 이 책에 제시된 각종 전략을 배우고 실행하는 초기에 매우 유용하다. 그리고 그렇게 계획을 세우고 따르다 보면 어느새 완전히 몸에 익어 습관이 될 것이다.

그렇다면 라포르와 계획은 어떤 관계가 있을까?

만약 어떤 산업 분야에 종사하는 사람들의 행사나 특정한 취미 활동을 즐기는 모임, 이를테면 요트·테니스·다트·골프·축구·럭비 클럽 등(물론 더 다양한 모임을 생각해도 좋다)의 연말 행사, 또 지역

봉사 활동에 참여하는 사람들이나 그밖의 지역사회와 관련된 모임 등에 초대받았다면, 미리 다음과 같은 준비를 해 두는 것이 여러모로 도움이 된다.

- 배경 조사 - 클럽의 역사/올해의 성과 등
- 스포츠/취미에 대한 각종 지식
- 해당 분야에서 사용되는 단어 공부 - 버디(birdies)/주돛 (mainsails)/승부차기(penalty shoot-out)/이중천장형(double tops) 같은 단어는 꽤 흥미를 불러일으킬 것이다!
- 몇 가지 질문 준비 - 모임에 참여한다고 하여 모든 것을 알 필요는 없다. 오히려 뭔가를 더 배우려는 모습을 보임으로써 부족한 지식을 보완하여 장점으로 바꿀 수 있다.

실제로 무언가에 흥미를 보이고 어떤 지식을 알아내기까지 많은 고민을 했음을 이야기하기보다 더 빠르고 쉽게 라포르를 형성하는 방법은 없다. 다른 장점은 차치하더라도, 미리 조사를 해 두면 적어도 남들이 무슨 말을 하는지 조금이라도 더 알아들을 수 있지 않은가!

라포르 형성 – 차근차근 배워 보자

이번 장의 후반부에서는 타인과 라포르를 구축하기 위해 우리가 하는 행동에 어떤 면면이 있는지 간단히 알아보고, 당신이 원하는 상대와 라포르를 쌓는 데 도움이 되는 전략과 기술을 확인할 것이다. 당연히 여기에는 꽤 '어려운' 기술도 포함되어 있다!

배워야 할 내용이 많은 편이라 때로는 모든 것이 버겁게 느껴질지도 모른다. 필자에게 이런 말을 하는 사람들도 있다. '물론 전문가인 두 분께는 이 모든 방법이 꽤 효과적이겠지만, 제가 이 많은 걸 어떻게 다 익힌단 말입니까? 할 게 너무 많다고요!'

하지만 좋은 소식이 있다. 그러니까, 이 책의 모든 내용을 외우고 익힐 필요가 없다는 사실. 실제로 당신은 이 책에 제시된 정보를 모두 단번에 받아들이려고 애쓸 필요가 없다. 대신 '코끼리를 먹는 방법'만 알고 실천하면 된다. 바로 한입씩 야금야금 베어 먹는 것이다!

그 방법은 다음과 같다.

첫 번째 한입

라포르가 형성된 사람들은 어떠한지 살펴보자. 일단 카페, 술집, 식당, 공원의 벤치처럼 사람이 모이는 곳에 자리를 잡는다. 그리고 그저 관찰하라. 도움이 된다면 그들의 모습을 기록해도 좋다. 라포르를 파악하는 데 도움이 되는 방법이라면 무엇이든 해보기 바란다.

이 방법을 활용하면 역으로 라포르가 없는 인간관계 역시 쉽게 알아챌 수 있다.

두 번째 한입

그다음에는 가정과 주위에서 이 방법을 활용해 보자. 친구나 가까운 지인들, 혹은 직장 동료와 함께 있을 때 어떤 일이 일어나는지 살피는 것이다. 인간관계의 메커니즘에 대해 더욱 많은 것을 배우도록 하라. 그러면 자신이 사람들 사이에서 어떤 반응을 보이는지도 함께 알 수 있다.

내가 좋아하는 사람들과 그렇지 않은 사람들 사이에서 자기 행동에 어떤 차이가 나타나는지도 관심을 기울여야 한다.

또 다른 '한입'은 다음 절에서 소개하겠다.

일치시키기(Matching)

라포르를 구축하기 위한 첫 번째 기술은 일치시키기로, 이 기술을 활용하려면 다음 요소를 면밀히 주시하는 능력(한자의 '들을 청' 자를 기억하라)이 필요하다.

- 자세
- 몸짓과 움직임
- 말소리
- 의사 전달 수단
- 호흡

다른 사람들의 의사소통 방식을 파악했다면, 그다음에 할 일은 그들의 행동과 내 행동을 일치시키는 것이다. 물론 그들과 라포르를 구축하고 싶을 때에 한해서이다. 그럼 이제부터 그 과정을 하나하나 살펴보며 우리가 상대방과 무엇을 일치시킬 수 있는지 알아보고, 이 임무를 매우 쉽고 훌륭히 수행하게 돕는 팁을 확인하자.

일단 누군가를 처음 만나는 장면부터 상상해 보자. 어떤 곳으로 걸어 들어갔을 때 어떤 광경이 보이는가?

자세 :

- 사람들이 앉아 있는가 서 있는가?

- 그들의 자세는 어떠한가? 꼿꼿이 선 자세인가? 구부정한 자세인가? 당신을 바로 마주 보고 있는가? 아니면 조금 비스듬하게 몸을 돌렸는가?

- 상대방의 체중 배분 자세는 어떠한가? 체중을 골고루 분산시킨 상태인가? 혹은 한쪽 발에 체중을 더 실은 채 서 있는가? 가만히 서 있는가 아니면 발을 계속 움직이는가?

- 앉은 자세라면, 다리를 꼰 자세인가 아니면 편 자세인가? 의자에 등을 기댔는가 아니면 앞으로 몸을 기울인 상태인가? 팔짱을 낀 자세인가 아닌가?

- 머리를 한쪽으로 기울이고 있는가? 아니면 곧게 세운 상태인가?

몸짓, 움직임, 표정 :

- 사람들이 어떻게 움직이는가? 느긋하게/천천히 움직이는가? 아니면 빠르게/자발적으로 움직이는가?

- 몸짓을 많이 쓰는가 아니면 거의 쓰지 않는가? 동작이 작은 편인가 큰 편인가? 그 움직임이 부드럽게 이어지는가 아니면 딱딱 끊어지는가?

- 이야기 중에 손을 많이 쓰는 편인가? 깍지를 끼거나 주먹을 쥐고 있는가? 혹은 안절부절못하며 손을 만지작거리는가?

- 미소를 짓는가 아니면 심각한 표정을 짓는가?

- 나와 눈을 바로 맞추는가 아니면 눈길을 돌리는가?

- 내게 집중하는가 아니면 그 방/장소의 다른 곳에 관심을 보이는가?

말소리 :

- 속도 : 빠른가 느린가?

- 음조 : 높은가 낮은가?

- 말투 : 단조로운가 변화가 있는가?

- 리듬 : 변화가 많은가 일정한가?

- 크기 : 소리가 큰가 작은가?

- 휴지(休止) : 대화 중에 말을 쉬는 경우가 잦은가 드문가?

의사 전달 수단 :

- 의사를 전달할 때 시각, 청각, 근감각 중에서 무엇을 주로 사용하는가?(이 내용은 곧 뒤에서 자세히 살펴볼 것이다)

호흡 :

- 속도 : 빠른가 느린가?
- 깊이 : 깊은가 얕은가?

지금쯤 이런 생각이 들지도 모르겠다. '젠장, 신경 쓸 게 너무 많잖아!' 맞는 말이다. 하지만 사실 사람은 누군가를 만났을 때 항상 이러한 정보에 촉각을 곤두세운다. 다만 자기가 그러는지 의식하지 못할 뿐이다.

자, 또다시 코끼리를 한입 베어 먹을 시간이 왔다.

세 번째 한입

다음번에 새로운 사람들을 만날 때는 앞서 살펴본 내용 중에서 딱 한 가지 영역에만 집중해 보자. 모임 장소를 향하며 이런 다짐을 해보라. '오늘 밤에는 사람들 몸짓만 주시하고 다른 데는 신경 쓰지 않겠어.' 그리고 또 그다음에는 관심 대상을 말소리나 자세 등으로 바꾸는 것이다.

이렇게 하면 별다른 고민 없이도 어마어마한 양의 정보가 유입된다는 사실을 금세 깨달을 것이다.

처음에는 이미 잘 알거나 친한 사람들을 대상으로 이 방법을 활용하면 좋다. 그냥 그들이 어떻게 행동하고 말하는지 확인만 해라. 물론 그 과정을 충분히 즐기면서 말이다.

정보를 얻고 나서 할 일

이제 사람들을 관찰하는 데 꽤 익숙해졌다. 그럼 과연 그 정보로 무엇을 해야 하는가? 당신은 지금까지 관찰한 바를 활용해야 한다. 라포르를 형성하기 위해 활용하는 것이다. 그냥 함께 있는 사람을 따라 하면 된다. 한마디로 상대와 같은 행동을 하고 같은 자세를 취하라는 말이다. 다른 사람들이 당신을 자신과 비슷한 사람이라고 생각하도록 그들과 같은 자세로 서고, 같은 리듬으로 말을 하고, 같은 손동작을 취하라.

네 번째 한입

자세, 몸짓, 말소리 등에서 일치시킬 것을 한 가지 선택하라. 그리고 누군가와 함께 있을 때 그 사람으로부터 당신이 선택한 그 요소가 어떻게 나타나는지 살펴보고 그것을 따라 해라.

앞서 소개한 모든 정보를 이용해 우리는 상대의 행동에 동조할 수 있다. 다음 몇 가지 사례를 훑어보고 이 정보를 어떻게 쓸지 생각해 보자.

- 자세 : 조금 더 친해지고 싶은 어떤 사람이 지금 의자에 등을 기대고 다리를 꼰 채로 앉아 있다고 가정하자. 당신은 그의 곁으로

다가가 자리에 앉고 같은 자세를 취했다. 현재 당신은 그 사람과 행동과 자세가 일치한 상태다.

• 말소리 : 당신이 평상시에 큰 소리로 쉬지 않고 빠르게 말하는 사람이라고 가정하자. 그런데 지금 만나는 그 사람은 조용하고 느릿느릿하게 말하며 대화 중에 종종 숨을 돌리는 경향이 있다. 당신은 말하는 방식을 상대방에게 맞춰 조용조용하게 이야기하고 있다. 현재 당신은 그 사람과 행동과 자세가 일치한 상태다.

거기까지는 좋다. 그런데 그 사람이 자세를 바꾸면 어떻게 해야 할까? 그럼 그것을 따라서 똑같이 자세를 바꾸면 된다. 하지만 그때는 매우 주의해야 한다. 만약 상대방의 자세가 바뀌자마자 곧바로 따라 하면 당신이 무엇을 하는지 금세 들통 나기 때문이다!

따라서 자세를 바꾸려면 잠시 시간 간격을 두고 적절히 행동해야 한다.

앞서 언급한 사례에 이 점을 적용한다면 다음과 같을 것이다.

• 자세 : 상대가 몸을 움직여 다리를 풀었다. 라포르를 유지하기 위해 당신은 잠시 기다렸다가 다리를 푼다.

• 말소리 : 주변 사람들이 어떤 화제에 열중하며 조금 더 큰 목소리로 빠르게 말하기 시작한다. 이에 반응하여 당신은 말하는 속도와 목소리를 함께 높인다.

지금까지 일치시키기의 기본 전략을 몇 가지 살펴봤다. 나중에 우리는 사람들이 공격적으로 행동하거나 화를 내고, 혹은 부끄러워하거나 소극적으로 굴 때처럼 대처하기 까다로운 상황에서 자신감 있게 말하는 방법을 설명하면서 이 기법을 다시 살펴볼 것이다.

다섯 번째 한입

한 가지 행동을 선택하여 여러 사람을 대상으로 일치시키기를 시도해보고, 그때 어떤 결과가 나오며 얼마나 성공을 거뒀는지 확인하자.

여섯 번째 한입

동시에 한 가지 이상의 행동과 자세를 일치시켜 보자.
이 방법을 조금씩 시도하다 보면 곧 어렵지 않게 여러 가지 요소를 일치시킬 수 있을 것이다. 그리고 머지않아 그 요령이 '온몸'에 녹아들 것이다.

'일치시키기는 하나의 기술이므로,

능숙히 활용하려면 반드시 연습이 필요하다는 사실을 기억하라.'

말 일치시키기(1)

제2장에서 '정보 처리 과정'을 설명할 때, 시각, 청각, 근감각이 생각을 구성한다는 이야기를 한 적이 있다. 그런데 흔히 사람은 무언가를 선호하는 경향을 보이기 마련이다. 이런 점에서 우리는 정보의 저장 측면에서도 각각 선호하는 형태가 다르다.

정보 저장 형태의 기호 차이로 말미암아, 사람은 정보를 공유할 때도 자신이 선호하는 형태 혹은 특정한 표현 방식을 사용하는 모습을 보인다. 따라서 사람들의 말을 잘 들어보면 거기서 그들이 어떤 방식으로 생각하는지를 잘 알 수 있다. 예를 들면 이렇다.

시각 :

'무슨 말씀인지 눈에 훤합니다.'
'꽤 어울려 보여요.'

‘대충 상황이 그려져요.’

‘꽤 괜찮은 이야기 같은데요.’

‘무슨 뜻인지 알아들었어.’

‘우리는 마음의 주파수가 같은가 봐요.’

‘그게 옳다는 느낌이 와요.’

‘굴곡 많은 삶도 다 평탄하게 받아들일 거예요.’

‘자네의 직감은 어떤 말을 하고 있지?

대체 이것이 무슨 의미이고 라포르의 구축과는 또 어떤 관련이 있을까?

풀어서 설명하자면, 시각 군과 근감각 양이 만났을 때 두 사람이 문자 그대로 ‘다른 나라 말’로 이야기하는 상황이 펼쳐진다는 얘기다.

이제 사고방식이 다른 사람들끼리 라포르를 구축하기가 얼마나 어려운지 알겠는가?

‘저 사람들은 절 제대로 보려 하질 않아요.’

혹은

‘우린 불협화음만 낼 뿐이야.’

혹은

‘우리는 서로 느끼는 게 달라요.’

만약 누군가로부터 위와 같은 말을 들어봤다면, 이미 당신은 사고 방식의 차이로 서로 이해하지 못하는 이들의 마찰, 그리고 표현 방식의 충돌을 목격한 셈이다.

‘상대방의 언어’로 자신 있게 말할 줄 아는 진정한 의사소통의 달인이 되고 싶다면, 다른 사람이 말하는 방식, 즉 그들의 표현 방법에 주목하고 대답할 때 그 방식을 사용하라. 바로 다음 사례처럼.

대화 상대 : “시내에 새 식당이 생긴 거 보셨나요?”

나 : “네, 요전에 지나가면서 봤어요. 요리가 먹음직스러워 보이더 군요.”

대화 상대 : “그 사람들, 올해 그리스로 간다고 말하던데요.”

나 : “제 생각엔 괜찮은 이야기 같군요.”

대화 상대 : “스미스 씨 회사 일은 참 안타까워요. 그 건축 공사 문제를 전부 떠맡아야 했잖아요.”

나 : “정말 짜증스러웠을 거예요. 그래도 다들 꽤 잘 견딘 편이죠.”

자신이 어떤 표현 방식을 선호하는지 궁금하다면 지난 주말에 친구나 지인과 나눈 이야기를 떠올려 보라. 그때 당신은 어떤 표현을 썼는가?

- 그들에게 풍경/각종 색깔/푸른 하늘/하얀 눈 이야기를 했는가?(시각)
- 파도 소리/적막함/최근에 들은 음악/눈 위를 달리는 스키의 쾌속음을 이야기했는가?(청각)
- 나른한 느낌/뜨거운 햇볕/물의 온기/발아래 밟히는 눈의 느낌/얼굴을 스치는 바람을 이야기했는가?(근감각)

실제로는 대화 중에 사람들이 사용하는 표현 방식이 이리저리 바뀌므로 계속 상대의 말에 귀를 기울여야 하며, 만약 전에 한 번도 만나 보지 못한 사람과 함께 있다면 적어도 처음 만난 순간부터 얼마 동안은 그 사람이 선호하는 방식을 따르도록 하라. 이렇게 하면 상대방과 어느 정도 라포르를 형성하게 되며, 그다음부터는 말 일치시키기의 필요성이 점차 줄어든다.

다음 표에는 사고방식의 차이를 파악하기 위해 유심히 들어야 할 단어들이 나열되어 있다.

시각	청각	근감각
맑다	듣다	만지다
흐릿하다	따르다	느끼다
희미하다	조율하다	붙들다
어렴풋하다	진술하다	다루다
조망하다	발음하다	압력을 가하다
초점을 맞추다	묻다	달라붙다
그리다	소리 내다	마비시키다
명확히 하다	재잘거리다	부드럽다
검사하다	논의하다	단단하다
응시하다	외치다	떨다
빛나다	증폭하다	거칠다
눈에 띄다	말하다	따뜻하다
가정하다	흐느끼다	몸서리치다
예견하다	부르다	달아오르다
외모가 빼어나다	설명하다	흔들다
지켜보다	침묵시키다	잡다
보다	울다	완화되다
상상하다	메아리치다	움직이다
나타나다	울리다	빨아들이다
힐끗 보다	언급하다	흐르다
주시하다	말과 관련된 모든 단어	
색깔을 표현하는 모든 단어		

이 표에 들어갈 단어는 얼마든지 많으니 즐거운 마음으로 쉬엄쉬엄 찾아보기 바란다.

일곱 번째 한입

매일 무엇을 보고(시각) 듣거나(청각) 느낄지(근감각) 정하고 그 목표를 꾸준히 실천하라. 그러면 다른 사람들의 표현 방식을 파악하는 것이 훨씬 쉬워진다. 이 방법을 통해 당신은 라포르 형성 기술을 익히는 동시에 누구와도 편히 대화를 나눌 수 있는 자신감을 얻을 수 있다.

여덟 번째 한입

다른 이들의 표현 방식을 따라 해보자.

말 일치시키기(2)

표현 방식의 중요성을 이해했으니 이제 남은 과제는 핵심 단어와 어구를 일치시키는 것이다.

우리는 제3장에서 대화를 지속하기 위한 전략의 하나로 이미 이런 내용을 다룬 적이 있다. 그러나 라포르와 관련하여 상대의 말을 반복하는 행위에 담긴 중요성을 환기한다는 점에서 이 정보를 다시 들여다볼 가치는 충분하다고 생각한다.

당신은 무언가를 잘 설명하려고 특정한 단어나 어구를 사용했는데 상대가 그 말을 자기식으로 '해석'하는 바람에 짜증을 느꼈거나, '내 말은 그게 아니라고.' 혹은 '난 그런 뜻으로 한 말이 아니야.'라고 말하고 싶었던 적이 있는가?

나 : "난 바비큐가 너무 좋아."

대화 상대 : '맞아, 밖에서 요리하는 건 참 재밌지."

나 : "좀 쉬어야겠네요. 일 때문에 정신이 하나도 없어요."

대화 상대 : "그 느낌 저도 알죠. 저희도 눈코 뜰 새 없이 바빴거든요."

이럴 때는 다들 속으로 이렇게 외친다. "내 말은 그런 뜻이 아니야!"

저런 상황이 우리에게 던져 주는 교훈은 무엇일까? 누군가 특정한 단어나 문구를 사용하여 설명할 때 라포르를 쉽게 구축하려면 같은 표현으로 응답하라는 것이다.

대화 상대 : "그 사람들이 문제를 잘 해결했으면 좋겠어요."

나 : "저도 그 문제가 잘 해결됐으면 해요."

아니면 상대방이 언급한 단어와 어구를 질문에 적용해도 좋다.

대화 상대 : "존은 시험 때문에 되게 고민이 많더라."

나 : "개한테 고민이 많은 이유가 정확히 뭐야?"

상대방의 표현 방식을 이해하고 따라 하는 능력, 이야기의 핵심 어구를 파악하는 능력을 모두 갖춘다면, 언어로써 라포르를 쌓는 데 필요한 최강의 도구를 갖춘 것과 다름없다.

# 보조 맞추기(Pacing)

앞에서 라포르를 형성한 두 사람이 함께 걸어가는 모습을 이야기한 것이 기억나는가? 그들은 발을 맞춰 걸으며 한 사람이 빨리 걸으면 다른 한 사람 역시 그 속도에 맞춰 걷는다. 말 그대로 서로 보조를 맞추는 것이다.

이 보조 맞추기라는 기술은 함께하는 사람이 가는 곳을 어디든 따라간다는 의미에 가깝다. 그렇다고 해서 그 사람이 옷을 입은 채 수영장에 뛰어든다고 해서 똑같이 물속으로 뛰어들라는 말은 아니다. 물론 그런 행동을 보이면 둘 사이에 라포르가 형성되었다는 사실은 누구라도 확실히 알 테지만 말이다!

그러나 여기서 말하는 보조 맞추기는 대화 상대의 현재 경험, 감정 상태, 느낌과 더 큰 관련이 있다. 그들을 더 잘 이해하고 또 상대가 무엇을 느끼고 경험하는지 알기 위해 잠시 그 사람의 세계로 발을 뻗치는 것이다.

당신은 다른 사람들을 통해 이미 그것이 어떤 느낌인지 알고 있다. 한없이 우울한 어느 날 한 친구가 다가와 그 기분이 어떤지 안다며 무슨 일인지 자기한테 다 털어놓으라고 말한다. 그때 당신에게는 그 친구가 어떻게 느껴지겠는가?

이와 반대로 정말 좋은 일이 일어났다고 가정해 보자. 오늘 당신은 항상 바라던 일자리를 얻었다. 혹은 누군가 정말 특별한 사람을 만났고, 또 마치 세상이 내 것 같은 느낌이다. 그때 만난 한 친구가 당신에게 뭔가 좋은 일이 있음을 한눈에 알아채고 무슨 일인지 물었다. 그리고 그 이야기를 계속 들으며 당신과 함께 그 경험 속으로 깊숙이 파고든다. 그럴 때 당신에게 그 친구는 어떤 느낌으로 다가오겠는가?

바로 이것이 보조 맞추기의 힘이다.

사실 라포르를 쌓으려고 꼭 상대방을 좋아할 필요는 없다. 그런 관점에서 우리는 까다로운 상황에 대처하는 전략을 소개한 제6장에서 이 기술을 더 면밀히 살펴볼 예정이다. 부디 이 말을 기억하기 바란다.

'라포르를 쌓으려고 꼭 상대방을 좋아할 필요는 없다.'

그전까지 당신은 라포르를 형성하고자 하는 대상에게 집중하여 그들의 상태를 파악하고, 거기서 얻은 정보가 상대의 보조를 맞추는 데 얼마나 도움이 되는지 확인하도록 하라.

다음 단계
– 보조 맞추고 이끌기(Pacing and Leading)

일단 대화 상대와 적절한 수준의 라포르를 구축하면, 그다음에는 이끌기 기술을 활용할 수 있다. 그럼 이끌기란 무엇이며, 또 언제 쓸모가 있을까?

간단히 말해서, 이끌기는 내 행동을 바꿈으로써 다른 사람의 행동과 상태를 바꾸는 기술이다. 아까 우리는 발을 맞춰 걸어가는 두 사람을 이야기했다. 그때 다른 한 사람이 걷는 속도를 높이면 다른 사람은 거기에 맞춰 따라가려고 똑같이 속도를 높인다. 보조 맞추고 이끌기는 바로 이런 경우이다.

또 다른 사례는, '의기소침'하게 힘없이 말하는 사람과 대화를 나눌 때다. 다들 처음에는 그 사람의 말소리에 맞춰 작은 소리로 느리게 말을 하지만(보조 맞추기), 조금씩 소리를 높이며 빠르게 이야기하기 시작한다. 그때 상대가 반응을 보이며 목소리를 키우고 말하는 속도를 높인다면, 우리는 그 사람이 의기소침한 상태에서 벗어나도록 멋지게 '이끈' 것이다. 이 과정은 그림 4.1에 개략적으로 나타나 있다. 이 기술 역시 제6장에서 까다로운 상황에 대처하는 방법을 살펴보며 다시 확인할 것이다.

| 일치시키기 → 보조 맞추기 → 이끌기 |

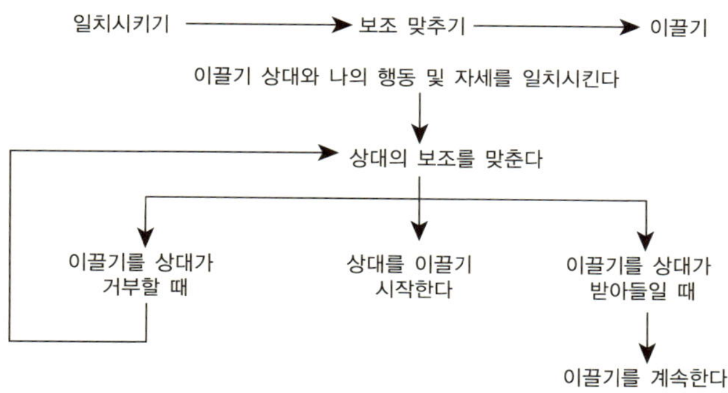

[그림 4-1] 일치 → 보조 → 리드

1. 서로 친하게 지내는 사람들 사이에서 어떤 현상이 나타나는지 관찰하라. 그들이 서로 말과 행동을 일치시키는 모습에서 라포르의 증거를 확인하자.

2. 이와 반대로 서로 잘 맞지 않는 사람들의 모습을 관찰하라. 여기서 그들의 말과 행동이 서로 어긋나고 있다는 증거를 찾아보자.

3. 다른 사람과 편안하게 대화를 나눌 수 있도록 라포르를 쌓는 방법을 항상 연습하라.

4. 모든 부분에서 자신감을 느낄 수 있을 때까지 한 번에 하나씩 연습하라.

5. 다른 사람의 행동과 자세를 따라 할 때 그 느낌을 잘 파악하라.

6. 반대로 상대가 그 행동과 자세를 당신에게 일치시킬 때 그 사람의 내면을 향해 발을 뻗쳐 보자. 보조 맞추기를 통해 그 사람의 경험/곤경/기쁨 등을 더욱 잘 이해하도록 노력하라.

7. 보디랭귀지와 목소리를 통해 언어로 드러나지 않은 온갖 정보를 얻을 수 있음을 기억하라.

8. 진심을 담았을 때 이 모든 전략과 기술이 큰 위력을 발휘한다는 사실을 기억하라. 자신의 이익을 위해서 이기적이고 기계적으로 타인과 '억지로' 라포르를 형성하려고 하면 금방 정체가 탄로 나기 일쑤다.

'거짓된 모습은 절로 티가 나기 마련이다!'

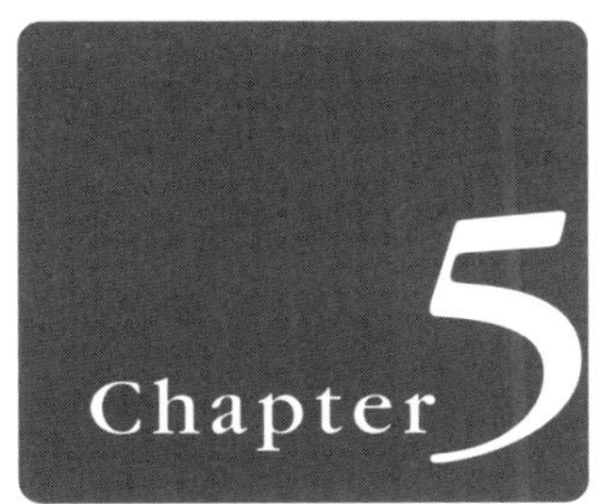

Chapter 5

직장에서 말 잘하는 비결

우리는 살아가면서 자신의 일을 사랑하는 사람과 그렇지 않은 사람을 수없이 만난다. 그런데 후자의 이유는 대개 일 자체보다는 직장 동료나 상사와의 관계 때문인 경우가 많다. 그리고 자기 직업을 즐기며 사는 이들 역시 주변 사람들과의 문제로 일에서 더 큰 기쁨을 얻지 못할 때가 많다.

우리가 깨어 있는 시간의 3분의 2를 일하며 지낸다는 사실을 생각해보면, 그 시간을 최대한 즐겁게 보내야 한다는 말에는 분명히 일리가 있다.

그런 점에서 이번에는 직장에서 개인 혹은 팀을 대상으로 자신 있게 말하기 위한 몇 가지 전략을 소개하고 업무상의 인간관계를 최대한 활용하는 방법을 다룰까 한다.

그럼 바로 시작해 보자.

상사에게 말하는 방법

자신의 직장 상사에게 무엇인가를 말하고자 할 때 어려움을 겪는 이가 많다. 물론 모든 상황에서 그렇지는 않겠지만, 적어도 윗사람과 직접 관련된 사항을 이야기할 때만큼은 다들 곤란함을 느낀다. 그리고 그 이유는 정말 다양하다.

좋게 말하자면, 사람들은 윗사람에게 걱정을 더해 주기 싫어서, 이미 그들에게 할 일이 산더미처럼 많다고 여기거나 방해하기 싫어서, 혹은 그들에게 접근할 적절한 시기를 잘 몰라서 아예 문제를 제기하지 않는 쪽을 선택한다고 할 수 있다.

반대로 나쁘게 말하자면, 뭔가를 요구해도 효과가 없다고 체념하여 처음부터 아무런 시도도 하지 않는다고 볼 수도 있다. 게다가 상사가 풍파를 일으키지 않고 자기 잇속만 차리고자 아무 조치도 취하지 않는다고 여기는 사람들도 있다.

개중에는 어떤 문제를 제기하면 자신의 직장 상사가 그것을 나약함/도전/불평으로 여긴다고 보는 이들이 있고, 오히려 그런 모습이 윗사람에게 아첨을 떠는 것 같다고 생각하는 이들도 있다. 또 뭔가를 요구하거나 논란을 일으키면 그 일로 나중에 후환이 생기거나 장래에 영향이 미칠까 봐 겁을 먹고 아예 말을 꺼내지 않는 사람도 있다.

반면에 자기 의견을 똑바로 전달하여 상사가 그것을 신중하게 고려하고 이를 통해 긍정적인 결과가 나오길 바라는 사람도 있다.

여기서 당신이 어떤 부류에 속하든, 자기 생각을 정확히 전달하고 자신감을 북돋는 확실한 전략이 있으니 더는 걱정할 필요가 없다. 바로 '상사에게 말하는 방법'을 그려낸 청사진이 있으니까.

여기서 가장 먼저 생각할 것은 바로 '내 직장 상사가 가장 좋아하는 말하기 방식'이다.

스티븐 코비(Stephen Covey)는 저서 《성공하는 사람들의 7가지 습관》에서 "상대를 먼저 이해한 다음에 이해시켜라."고 말했다. 실제로 이것은 그가 성공한 사람들로부터 발견한 7가지 습관 중 하나다. 또한 직장에서 성공적으로 인간관계를 구축하는 데 가장 필요한 첫 번째 요소이기도 하다.

따라서 우리가 상사와 효과적인 대화를 나누려면 먼저 그들의 의사소통 방식을 이해하고 적절하게 대응해야 한다.

상사를 이해하자

너무도 당연한 사실이지만 흔히 놓치는 사실 한 가지는 바로 사람마다 말하고 듣는 방식이 다르다는 것이다. 다시 말해, 사람은 서로 다른 의사소통 방식을 사용하고 선호한다. 이제부터 우리가 할 일은 상사가 말하고 듣는 방식을 분석한 후 이 정보를 활용하기 위한 전략을 살피는 것이다.

다음은 '상사를 분석하는' 첫 번째 연습 과제다. 여기서 제시한 행동 범주 중 당신의 상사가 어디에 포함되는지 확인하라.

Exercise

나와 직장 상사

상사의 의사소통 방식 :

그들은 …에 초점을 맞춘다 :

업무 _________________________	사람
사실 _________________________	느낌
세부 사항 _________________________	전체

그들은 … :

형식을 중요시한다 _________________	형식을 차리지 않는다

그들은 … :

몸짓을 거의 사용하지 않는다 _________	몸짓을 많이 쓴다
표정이 거의 없다 _________________	표정이 다채롭다

말허리를 잘 꺾는다 _______________다른 사람의 말을 잘 듣는 편이다

대화를 주도한다 __________________ 질문을 한다

의사 결정이 빠르다 _______결정을 내리기까지 오래 시간을 고민한다

그들의 목소리는 … :

단조롭다 ____________________________ 표현이 풍부하다

이 연습 과제를 수행한 당신은 이제 직장 상사에게 다가가는 최고의 방법을 찾고 원하는 결과를 위해 나아갈 준비를 마친 것이다.

위 과제에서 직장 상사의 행동 범주가 대개 왼쪽으로 치우쳤다면 당신은,

- 업무에 집중하고 성과를 내고자 노력해야 한다.

- 상사에게 접근할 때 더욱 형식을 갖춰야 한다.

- 상사와 업무/성과에 대해 논의하고, 내가 목표 달성에 어떤 도움을 줄 수 있는지 이야기해야 한다.

- 상사와 대화할 때 요점을 명확히 이야기하고 말끝을 흐려서는 안 된다.

- 좋은 의견이 있을 때는 '항목별로 요점만 짚어서' 제시하고 상사가 결정을 내릴 때까지 기다려야 한다.

- 사실을 제시하고 그 정보가 타당한지 반드시 확인해야 한다.

이와 반대로 상사의 행동 범주가 오른쪽으로 치우쳤다면,

- 의견을 제시할 때 그것이 사람들에게 미칠 영향을 함께 설명하라.
- 붙임성 있는 태도를 보여라.
- '더 큰 그림'이 주는 파급력을 알려라.
- 친밀한 관계 형성을 위해 노력하라.
- 지나친 격식은 버리고 접근하라.
- 의견을 제시할 때 열정적인 모습을 보여라.

한편으로 일치시키기, 보조 맞추기, 이끌기(복습이 필요하면 제4장을 다시 읽어보기 바란다) 기술로 상사와 라포르를 쌓을 기회를 모색하라.

- 몸짓, 자세, 어조와 말하는 속도, 대화 중에 말을 쉬는 빈도를 일치시켜라.
- 당신의 상사가 가장 좋아하는 의사소통 방식을 고려하라. 그들은 어떤 형태를 선호하는가?
  - 직접 대화(일대일, 일대 다수)
  - 이메일
  - 서면
  - 전화

그들의 방식을 늘 염두에 두고 당신의 대화 방식을 거기에 일치시

커라. 만약 상사의 행동 범주가 왼쪽에 가깝다면 이메일은 짧게, 요점만 짚어서 결과에 초점을 맞추도록 하자. 굳이 당신이 지난 주말에 무엇을 했는지 주절주절 이야기할 필요가 없다!

지속적인 접촉

상사의 의사소통 방식을 파악했다면, 이제 그들과 최대한 라포르를 구축할 시간이다. 여기서 꼭 기억해야 할 점은 이것이 쌍방향 관계라는 사실이다.

두 필자는 때때로 자기 직장 상사와 대화하기가 너무 어렵다고 수차례 하소연하는 사람들을 본다. 그들이 깨달아야 할 사실 한 가지는, 모든 관계가 자신과 상대방을 포함하기에 그 안에서 일어나는 사건에는 양쪽 모두에게 책임이 있다는 것이다. 어떤 문제나 쟁점이 발생했을 때 어느 한 쪽에만 원인이 있는 경우는 극히 드물다.

직장에서의 논란이나 문젯거리는 대개 의사소통이 원활하지 않을 때 생긴다. 그리고 소통의 부재 역시 여기에 포함된다.

따라서 상사와 어느 정도 라포르를 쌓았다면(라포르를 쌓기 위해 꼭 상대방을 좋아할 필요는 없다는 사실을 기억하라) 그다음 할 일은 꾸준히 접촉하고 지속적으로 소통하기 위한 시스템을 구축하는 것이다. 그 중에서도 가장 좋은 방법은 상사와의 정기적인 면담이다.

이미 당신이 직장 상사와 정기적으로 면담을 하고 있다면, 그 진가를 차차 알게 될 것이다. 그러나 지금까지 윗사람과 얼굴을 맞대고 논의하거나 상담해 본 적이 없는 사람은 면담 요청 자체가 다소 껄끄러울지도 모른다. 그때 머릿속에는 이런 의문이 생길 것이다. '대체 꾸준히 개인 면담을 받고 싶다고 어떻게 말을 하며 또 어떻게 동의를 얻어낸단 말이야?' (물론 면담을 좋은 해결책으로 받아들일 때나 이런 생각이 들 것이다! 만약 그렇지 않다면, 이 방법은 시도하지 않아도 좋다. 다만 그때는 상황이 전혀 나아지지 않는다고 불평하지 마라)

이번 장 후반부에서는 사람들에게 전할 메시지 구성을 위해 명확한 요점 전달을 위한 5단계 전략(182쪽)과 4-MAT(189쪽) 전략을 확인할 것이다. 말할 내용을 체계화하려면 이 방법을 활용하는 것이 좋다. 하지만, 그전에 반드시 몇 가지 기초공사를 해 둘 필요가 있다.

상사가 'Yes'를 말하게 하라

흔히 많은 사람이 무슨 이야기를 할지 깊이 생각하지 않은 채로 자기가 원하는 바를 불쑥 말하고 만다. 이런 상황이 벌어지는 까닭을 그리 어렵지 않게 짐작할 수 있다.

- 단순히 마음속의 생각을 털어놓고 싶어서
- 어떤 문제가 '곪을 대로 곪아' 더는 좌시하기 어려울 지경에 이르러서
- 계획적으로 말하는 방법을 몰라서
- 매사를 '즉흥적으로' 대하는 경향이 있어서
- 의사소통에서 계획의 중요성을 모르기 때문에

대개 이런 사람은 평소에 어떤 일을 두고 깊이 고민하거나 입씨름할 필요가 없다고 생각하여 아무런 대책도 세우지 않기 마련이다. 만약 그 상황에 불만을 느낀다면, 그때 그들이 할 수 있는 일은 그저 자신을 탓하는 것뿐이다. 따라서 우리는 어떤 말을 꺼내기 전에 직접 행동할 의지가 있는지부터 확실히 해야 한다.

다행히 이 책을 읽는 당신은 큰 성공을 거둔 달변가 부분이 스스로 무엇을 얻길 바라는지 잘 이해하고 계획적으로 행동했음을 알고 있다. 다음 체크리스트는 자신이 원하는 바가 무엇인지 환기하고 목표 달성을 위한 계획 수립에 도움이 된다

1. 정확히 무엇을 원하는지 생각하는가? 할 일이 분명해야 한다. 목표를 분명하게 지정하라.

    예 '직장 상사와 정기적으로(일주일/한 달에 한 번) 개인 면담을 하고 싶다.'

2. 목표가 달성되었을 때 어떤 결과가 나올지 미리 생각하는가?

    예 '그와 나는 4월 12일부터 매월 마지막 화요일에 면담하는 데 동의할 것이다.'

3. 정기 면담의 목적은 무엇인가? 바람직하고 타당한 이유를 모두 생각해보자.

4. 정기 면담을 통해 당신과 직장 상사가 얻을 수 있는 긍정적인 결과는 무엇인가? 이 내용은 서로의 의사소통 방식을 염두에 두고

생각해야 한다.

- 성과에 미치는 영향과 주변 사람들에게 미치는 영향 중 어느 쪽을 강조해야 하는가?
- 직원-상사의 정기 면담이 업무 생산성이나 품질에 어떤 영향을 미치는지 밝힌 연구 결과를 제시할 필요가 있는가?
- 일대일 면담을 해본 다른 사원들의 바람직한 의견을 증거로 제시할 필요가 있는가?

5. 이 면담을 하지 않을 때 생길 만한 부정적인 결과에는 무엇이 있는가?

6. 위 과정에서 얻은 몇 가지 증거 또는 당신의 주장을 제시하는 데 가장 적합한 방법은 무엇인가?

- 요구 사항을 요약한 문서를 만들거나 프레젠테이션을 할 필요가 있는가?
- 상사에게 편하게 직접 이야기하는 편이 더욱 효과적인가?

7. 첫 면담을 요청하기 위해 계획을 세워라.

- 상사가 언제 시간을 낼 수 있는가?
- 면담 일정을 잡기에 가장 좋은 방법은 무엇인가?
- 무작정 상사를 찾아가 면담을 요청할 것인가?
- 이메일로 면담 시간을 예약할 것인가?
- 상사의 비서에게 면담 예약을 요청할 것인가?
- 어떤 방식으로든 미리 연락할 필요가 있는가?

- 시간 계획을 알리는 것이 상사에게 어떤 의미가 있는가?

8. 잠시 시간을 내서 면담 상황을 미리 연습해 두자. 나중에 제6장에서 소개할 '세 의자(Three Chairs)'라는 전략은 곧바로 정기 면담에 적용할 수 있다(지금 당장 확인하고 싶다면 263쪽을 펴보기 바란다). 이 방법은 사물에 대한 다양한 관점을 제시하여 어떠한 상황에서도 훌륭하게 대화를 계획하고 준비하게 도와준다.

면담을 요청했을 때 상사의 반응이 어떠할지 추측하지 마라. 어떤 대상이나 상황에 대해 관심을 집중하면 그것이 곧 현실이 된다는 사실을 기억하라. 상대가 부정적인 반응을 보일 것 같다고 생각하면 그 사고방식은 우리가 그 사람을 대하는 데 반드시 영향을 미친다.

팀원들을 이해하자

당신이 회사에서 관리자의 위치에 있다면, 다들 틀림없이 팀원 개개인이 능력을 최대한 발휘하여 우수한 성과를 실현하기를 바랄 것이다. 만약 그들과 대화하는 데 별다른 어려움이 없다면, 이는 더없이 좋은 일이다. 하지만 그렇지 못한 경우라면, 분명히 당신은 원활한 의사소통을 바라며 그 방법을 찾고 있을 것이다.

지금부터는 앞에서 이야기한 내용을 다시 확인하고, 매우 단순하면서도 효과적인 대화 전략을 제시함과 동시에 팀원들에게 강력하게 동기를 부여할 수 있는 방안을 살펴볼 것이다. 이 과정에서 당신은 그들의 능력을 최대한으로 끌어올리는 방법을 깨닫고, 결국 이것은 그들과 당신, 그리고 회사에 이익을 가져다 줄 것이다.

팀원들에게 말하는 방법

이 상황이야말로 '내가 대접받고 싶은 대로 남을 대하라.' 는 황금률을 적용할 수 있는 사례가 아닌가 싶다. 이미 직장 상사와의 일대일 면담이 유용하다고 했으니, 여기서 무엇을 제안할지는 뻔하지 않겠는가? 그렇다! 바로 팀원들과의 일대일 면담이다. 이 전략을 계획하고 그들의 동의를 얻으려면, 앞에서 이야기했던 면담 절차를 그대로 따르도록 하라.

일단 대화 계획을 모두 세운 후 팀원들의 능력을 최대한 끌어올릴 방법을 생각할 차례가 됐다고 가정하자. 이때 필요한 첫 번째 단계는 이미 제3장에서 이야기한 바 있다. 바로 '…에서 무엇이/왜 중요한가? 라는 질문이다.

현재 당신은 팀원들이 직장인으로서 무엇을 중요하게 여기는지에 대한 답을 찾고 있다. 만약 충분히 시간을 들여 신중하게 답을 찾는다면, 팀원들에게 동기를 부여하는 것이 무엇인지 또 직장 상사로서 그들의 의욕을 고취하기 위해 어떤 일을 해야 할지 곧 알게 될 것이다. 그리고 이 방법을 통해서 팀원들의 의욕 감퇴를 초래하는 단서도 함께 파악할 수 있다.

동기 부여의 열쇠를 찾아라

다른 사람의 방해를 받지 않는 조용한 장소에서 종이에 다음 질문의
답을 적어 보자.
'이 일에서 내가 중요하게 여기는 것은 무엇인가?'

Tip 직장 동료나 친구가 곁에서 당신의 답변을 받아 적으면 정신을 집중하여
적절한 답을 떠올리는 데 크게 도움이 된다.

옆에서 이 과제를 돕는 사람이 할 수 있는 질문은 단 세 가지뿐
이다.

'이 일을 하면서 당신이 중요하게 여기는 것은 무엇인가?

'또 무엇이 있는가?' - 과제 수행자가 생각을 계속 이어가게 유도
하는 질문이다.

'그 외에는 없는가?' - 과제 수행자가 질문에 대답을 모두 마쳤을
때, 미처 떠올리지 못한 답변이 남았는지 확인하는 질문이다.

Tip
- 과제 수행자의 답변에 대해 어떤 의견을 제시하거나 평가하지 마라.
- 당사자가 깊이 생각하도록 조용히 기다려라.
- 그 사람이 언급한 단어만 받아 적고 오직 그 단어만 사용하라.
- 상대의 말을 자기 방식으로 해석하지 마라. 예) '그러니까 좋은 평가를
  받는 게 중요하다는 말이로군. 맞아, 나도 그렇게 생각하거든. 일을 다
  마치고 보수를 제대로 쳐줬으면 좋겠단 말이지.' 아니, 그 사람은 그런
  뜻으로 말한 것이 아니야!

두 필자의 연구에 참여한 사람들에게 이 과제 수행을 요청한 결과,
다음과 같은 답이 나왔다.

- 공로 인정
- 직업적 만족감
- 도전 의식
- 사람들
- 고객을 돕는 것
- 좋은 평가
- 다양성
- 돈
- 재미
- 좋은 상사와 함께 일하는 것
- 기타 등등

이 목록을 완성한 다음에 해야 할 질문은 바로 이것이다.

'내가 추구하는 가치 중에 가장 중요한 것은 무엇인가? 딱 하나만
고르라고 한다면 무엇을 고르겠는가?'

가장 중요한 가치를 하나 결정하고 나면, 나머지 역시 같은 과정을
통해 우선순위를 정하라. 이제 당신이 일할 때 가치 있게 여기는 것,
즉 업무에 동기를 부여하는 요소가 중요도 순으로 정리되었다.

마지막으로 할 일은 이 목록에 기재된 항목별로 최종 질문을 던지

는 것이다.

'…는 내게/당신에게 어떤 의미가 있는가?' 또는 '나는/당신은 …가 달성됐음을 어떻게 확인하는가?'

위 질문은 당신/과제 수행자들이 추구하는 가치의 달성 여부를 판단하는 데 필요한 기준을 제시한다.

여기서 반드시 기억해야 할 것은, 사람이 같은 가치를 추구할지라도 성공 여부를 판단하는 기준은 모두 다르다는 사실이다. 예를 들어, '공로 인정'이 당신의 목록에서 상위를 차지했다고 치자. 그럼 남들에게 좋은 평가를 받는지는 어떻게 알 수 있을까?

존과 로라는 모두 자신이 추구하는 가치로서 '공로 인정'을 목록에 올렸다. 영업 팀에서 일하는 존에게 어떤 식으로 사람들에게 인정받길 원하는지 묻자 그는 이렇게 답했다. "아, 저는 말이죠. 사람들 앞에 서서 팡파르 소리를 들으며 표창장을 받았으면 좋겠어요." 존이 이런 말을 할 때 로라는 두 손으로 얼굴을 가리고 바닥만 내려다보고 있었다.

이어서 그녀에게 물었다. "로라 씨는 사람들이 어떤 식으로 인정해주길 바라세요?"

"그냥 봉투에 쪽지 하나만 넣어서 책상에 올려 두시면 돼요. 그거면 충분해요."

자, 각자가 중시하는 가치를 파악하는 일이 왜 필요할까? 바로 회사에서 직원들이 추구하는 가치의 만족 여부가 그들의 근로 의욕에 큰 영향을 미치기 때문이다. 따라서 팀원 중 누군가의 업무 생산성이 평상시보다 떨어지고 그런 상태가 한참 지속된다면, 그 해답은 분명히 그들이 바라는 가치에 있다. 만약 당신이 업무와 관련하여 어떤 큰 불만을 느낀 적이 있다면, 그 이유 또한 다르지 않다.

또한 이 말이 사실이라면, 가정과 사회생활, 기타 환경에서 어떤 문제의 실체를 파악하는 일 역시 그리 어렵지 않을 것이다.

지금까지 이런 연습을 한 까닭은 팀원들과 유익한 대화를 나누기 위한 효과적인 전략을 익히는 데 있었다. 앞에서 제시한 질문 몇 가지는 사람들에게 묻기 까다로운 것도 아닐뿐더러, 거기서 얻은 정보는 매우 귀중한 자산이 된다. 개개인을 대하는 데 가장 좋은 방법을 모두 알려주기 때문이다. 우리는 이 정보를 통해 각 팀원의 핵심적인 동기 유발 요소와 그들의 능력을 최대한 이끌어 내는 방법을 알게 되며, 근로 의욕이 감퇴되었을 때 무엇을 먼저 확인해야 할지 깨닫게 된다.

게다가 이 전략은 직장에 불만을 느낄 때 스스로 그 이유를 파악하는 데도 도움이 된다. 그리고 문제의 원인을 알고 나면 그 해결 방법 역시 찾을 수 있다.

사람은 모두 다르다. 위대한 달변가들은 늘 이 점을 기억하여 그 차이가 어디에서 나오는지 알고 적절히 반응한다. 그리고 이 사실을 아는 것 자체가 우리에게 큰 힘이 되고 누구와도 건설적인 대화를 나눌 수 있는 밑바탕이 된다.

직장 상사/팀원들로부터 무엇을 이끌어 낼지 확실히 결정한다면 그들과의 일대일 면담은 찬란한 빛을 발할 것이다.

직장 상사/팀원들을 대상으로 바람직하고 생산적인 일대일 면담을 진행하기 위해 몇 가지 주의할 사항이 있다.

- 면담을 위해 상사/당신 자신이 반드시 적당한 시간을 할애해야 한다.
- 면담에서 어떤 성과를 이끌어 낼지 명확하게 정해야 한다.
- 결정 사항을 모두 기록해 두고 면담 전에 상사/팀원들과 공유하라.
- 면담 참여자가 면담에서 얻고자 하는 결과가 무엇인지 파악하라.
- 반드시 상호 간에 합의된 행동 방침을 도출하고 면담을 마치도록 하라.

제레미의 이야기

제레미의 직장 상사는 개인 면담 중에 걸려 오는 전화를 빼놓지 않고 모두 받았다.

하루는 제레미가 서류 더미를 잔뜩 안고 면담 장소에 들어갔다.

그 모습을 본 상사가 말했다. "그 서류는 대체 뭔가?"

제레미는 이렇게 대답했다. "아무래도 부장님이 전화하시는 동안 밀린 일을 처리하는 편이 나을 것 같아서요."

그 후로 그의 상사는 면담 중에 절대로 전화를 받지 않는다!

　이번에는 직장 동료들에게 프레젠테이션을 하거나 회의를 할 때 당신의 생각을 정확히 전달하고 사람들을 주목시키는 방법을 알아보자.

내 이야기에 사람들을 주목시키는 방법

명확한 요점 전달을 위한 5단계 전략

이야기의 요점을 전달하거나 내 이야기에 사람들이 귀 기울이도록 하는 것, 회사에서 일을 하다 보면 이것이 매우 중요할 때가 있다. 이때 최대한의 효과를 내고 사람들로부터 원하는 반응을 얻으려면 과연 어떻게 생각을 정리해야 할까?

우선, 그 방법은 우리가 사람들의 시선을 모을 만한 문제나 화젯거리를 제시하느냐, 아니면 기존 문제에 대한 해결책을 제안하느냐에 따라 달라진다.

그런 점에서 여기서는 두 가지 유형이 제시된다. 이 방법은 각자의 논리를 체계화하는 데 크게 도움이 될 뿐만 아니라, 또 숨겨진 혜택도 함께 선사한다는 장점이 있다.

대개 사람들은 불평이 많은 사람을 싫어하고 반대로 밝고 긍정적인 사람을 좋아한다. 여기서 제시하는 두 가지 유형의 전략을 통해 그들은 당신을 확실한 문제 해결사이자 해답을 제시하는 인물로 여길 것이다. 물론 이 방법을 제대로 활용할 때 한해서 그렇다는 말이기에, 결국 좋은 성과를 얻느냐 마느냐는 전적으로 당신에게 달렸다.

첫 번째 유형은 어떤 문제나 화젯거리에 사람들의 시선을 모으고 그것이 충분한 논의를 통해 해결해야 할 사항임을 알리는 데 유용하다.

1. 문제 언급 :

- 본 프레젠테이션에서 어떤 문제를 다룰지 이야기한다.
- 해당 주제를 둘러싼 주요 배경 사항을 간단히 확인한다(이미 청중은 그 문제를 잘 알거나 어느 정도 이해한 상황이다).
- 문제점을 명확히 정의한다.

2. 부정적인 결과 :

- 해당 문제 때문에 발생하는 부정적인 결과를 확인한다. 이 단계에서는 보편적이고 객관적인 수준에서 정보를 소개하며, 자세한 내용은 이후에 제시한다.

3. 개인 경험 :

- 해당 문제와 관련하여 자신이 직접 경험한 일을 예로 들고 그것

이 어떤 영향을 미쳤는지 이야기한다.

4. 증거 :

• 문제의 심각성을 입증하는 사실을 공개한다. 이 단계에서 자신의 주장을 뒷받침하는 세부 정보를 제시하도록 한다.

• 직접 경험한 사실 외에 제삼자의 경험을 증거로 활용한다. 이때 직장 동료, 고객, 원료 공급 업자 등 해당 문제로 영향을 받은 사람들의 사례를 증거로 제시한다.

5. 요약 :

• 해당 문제를 다시 언급하여 청중이 전반적인 내용을 명료하게 이해하도록 한다.

• 이 문제를 처리/해소하는 데 필요하다고 생각되는 실천 방안을 명시한다.

두 번째 유형은 기존에 확인된 문제의 해결을 위해 새로운 견해나 정보를 제시하고 해결책의 실천을 촉구하는 데 사용한다.

1. 기존 문제의 개괄 :

• 기존 문제를 해결하기 위한 새로운 방안을 청중에게 알린다.

• 기존 문제와 관련된 전반적인 사항을 간략히 소개한다.

• 해당 사안이 문제가 된 원인을 설명한다.

2. 해결책 설명 :

• 문제 해결을 위한 견해를 밝히고 그것이 기존 문제와 어떤 관련
이 있는지 설명한다.
• 제안 사항을 명확하게 설명한다.

3. 긍정적인 결과 :

• 제시한 해결책을 실행했을 때 나타나는 긍정적인 결과를 명확하
게 알린다. 이때 제시하는 결과는 청중이 충분히 가치를 느낄 만
한 내용이어야 한다.

4. 증거 제시 :

• 새로운 해결책의 가치를 증명할 사실을 공개한다.

5. 요약 :

• 기존 문제에 대한 전반적인 내용과 문제 해결에 따른 긍정적인
결과를 간추려 말한다.
• 해결책과 실행 방안을 간단히 설명한다.
• 이 해결책을 실행했을 때 발생하는 긍정적인 결과를 요약하여
설명한다.

6. 실행 :

• 누가 언제 어떤 활동을 해야 하는지 개략적으로 제시한다.

Tip 현재 상황이 어떻든 간에, 프레젠테이션은 신중하고 체계적으로 구상하고, 가능하다면 미리 동료에게 시연한 후 피드백을 받아라. 이 방법은 자신감을 북돋는 데 큰 도움이 된다. 또 그렇게 함으로써 새로운 해결책이 얼마나 사람들의 관심을 끌고 타당성을 인정받을 수 있는지 확인하는 동시에 말하고자 하는 바를 분명히 전달할 수 있다.

사람들에게 전할 메시지를 모두 준비했다면 이제 남은 것은 하나뿐이다.

1분 안에 청중의 관심을 끄는 방법!

모든 발표자가 '시작합니다.'는 말로 모든 청중의 시선을 앞으로 돌리려고 한다. 하지만 진부한 소개말과 서론으로 사람들이 발표 내용에 아예 흥미를 잃은 적이 얼마나 많았던가? '부디 오늘 제 발표를 너무 지루하게 느끼지 않으셨으면 좋겠고…….' 따위의 인사말 때문에 말이다! 하지만 걱정하지 마시라. 곧바로 사람들의 눈과 귀를 한 곳에 모으기 위한 강력하고도 단순한 공식이 있으니까.

일단 이 비법을 전수하기 전에, 우선 당신의 말하기와 듣기 습관을 확인할 필요가 있다.

- 업무 회의 중에 집중력을 잃고 산만해질 때가 자주 있는가?
- 회의 중에 다른 사람이 발표하거나 의견을 제시할 때 도입부를 듣다가 딴생각에 빠져드는 일이 얼마나 자주 일어나는가?
- 이야기 도중에 본론을 언급하기 전에 다른 사람이 말참견하는

일이 자주 있는가?

　회의나 발표 상황을 잘 생각해보면, 대다수가 자기 견해를 밝히거나 어떤 주제를 이야기할 때 다음과 같은 방법을 활용한다는 것을 알 수 있다.

　여기서 문제가 되는 것은 사람의 듣기 집중도가 [그림 5-1]과 같다는 사실이다.

| 시간에 따른 집중도 변화 [1] |

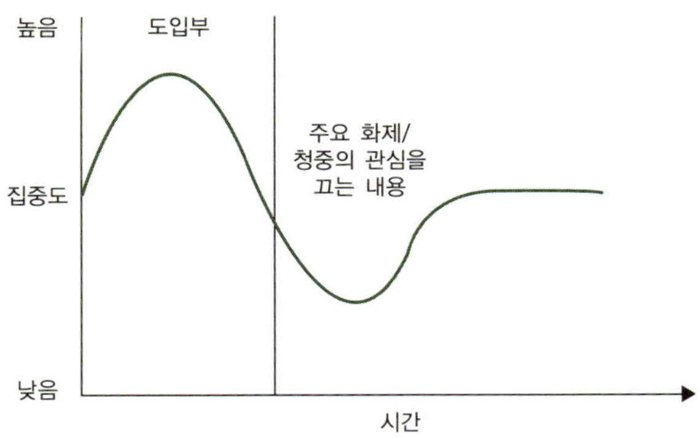

[그림 5-1] 시간에 따른 집중도 변화(1)

그림 [그림 5-1]에서 보이듯이 주요 화제는 청중의 집중력이 가장 낮을 때 제시된다. 사람들이 당신에게 정말 집중하게 하려면, 그림 [그림 5-2]처럼 도입부에 주요 화제나 관심을 끄는 내용을 이야기하고 이어서 그것을 뒷받침하는 세부 정보를 언급하는 편이 좋다.

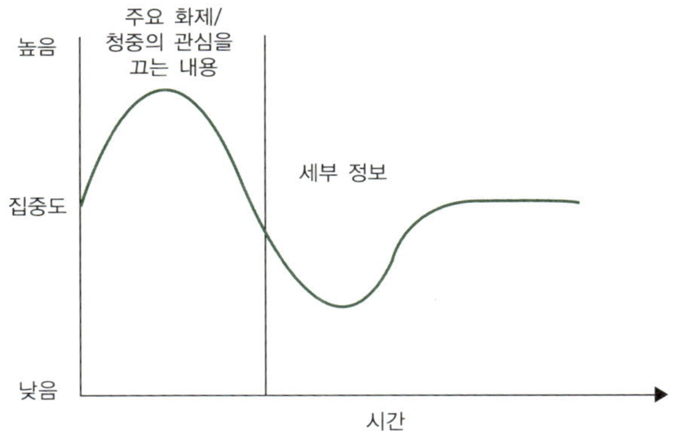

[그림 5-2] 시간에 따른 집중도 변화(2)

그럼 이제 이 정보를 활용하기 위한 공식을 알아보자.

4-MAT 전략

4-MAT는 청중의 관심을 매우 간편하고 강력하게, 그리고 효과적으로 모으는 방법이다. 만약 당신이 2~3분 안에 이 전략을 구성하

는 네 가지 질문에 적합한 대답을 떠올린다면, 사람들을 주목시키는 일은 식은 죽 먹기나 마찬가지다. 그 네 가지 질문이란 바로 다음과 같다.

왜?

무엇을?

어떻게?

만약 …한다면?

이 질문을 던지는 이유에는 합당한 이론적 근거가 존재하며 그 대답 순서 역시 정해져 있다.

소속을 불문하고 사람은 위의 네 가지 질문 중에서 어떤 한 가지를 특별히 중요하게 여기게 돼 있다. 생각해보라. 당신은 저 중에서 어떤 질문의 답을 궁금히 여기는가? 당신에게 가장 중요한 질문은 무엇인가?

- 당신은 말을 듣던 중에 궁금증이 생기면 곧바로 그 이유를 알아야 직성이 풀리는가? 또 세부 정보보다는 전체 개요를 원하는가? 만약 그렇다면, 당신은 '왜?'를 추구하는 사람이다.

- 당신은 늘 정보를 구하고 어떤 견해나 제안 사항을 뒷받침하는 자료를 소중하게 여기는가? 만약 그렇다면, 당신의 초점은 모두 '무엇을?'에 맞춰져 있다.

- 사물이 어떻게 움직이는지 궁금하게 여기고, 문제를 해결하기 좋아하거나 어떤 일에 직접 참여하길 좋아하는가? 그런 사람은 '어떻게?'를 추구하는 유형에 속한다.
- 당신은 정보의 차후 활용 방법을 궁금하게 여기고, 시행착오를 즐기거나 어떤 행동의 결과를 명확히 알길 바라는가? 그런 당신이 중요하게 여기는 것은 '만약 …한다면?'의 해답이다.

따라서 프레젠테이션을 할 때는 심사숙고하여 다음 물음에 적절한 답을 준비해 두는 편이 좋다.

- 왜 이 자리에 모였는가? 이 주제를 다루는 이유는 무엇인가? 사람들은 어째서 이 문제를 알고 싶어 하는가?
- 무엇을 해야 하는가? 어떤 영역을 다룰 것인가? 프레젠테이션을 통해 무엇을 얻게 되는가?
- 어떤 결과를 기대할 수 있는가? 발표 내용에서 제시된 정보를 어떻게 활용할 수 있는가?
- …하면 어떻게 되는가?(그 결과로 나는 무엇을 얻는가?) …하지 않으면 어떻게 되는가?(그 결과는 어떠한가?) 만약 …가 일어나면 어떻게 되는가?(경우에 따라 어떤 차이가 발생하는가?)

이때 늘 기억해야 할 것이 있다.

이유가 무엇이냐고? 만약 '왜?' 라는 질문에 먼저 답하지 않는다면, 이 '왜?' 유형에 속하는 사람들은 모두 곧바로 프레젠테이션에 흥미를 잃을 것이다. 그들은 발표를 들어야 할 이유가 제시되지 않으면 남의 말에 귀를 기울이지 않는다. 그렇다고 해서 이유를 설명하는 데 많은 시간을 할애할 필요는 없다. 그냥 이 물음을 가장 먼저 다루기만 하면 된다.

4-MAT

당신이 몇 가지 업무 관행의 개선에 대한 브리핑 또는 프레젠테이션 업무를 맡았다고 가정해 보자.

왜? : '다들 아시다시피, 많은 고객과 직원들로부터 본사의 관리 시스템에 대한 더욱 효율적인 개선이 필요하다는 의견이 계속 제기되었습니다. 업무가 자꾸 지연되는 상황에서 기존 고객을 붙잡고 새로운 고객을 유치하려면 몇 가지 부분에서 더 기민하게 대응할 필요가 있습니다.'

무엇을? : '그래서 현재 적용 중인 시스템과 업무 방식을 전반적으로 재검토하고, 그중에서도 특히 부서 간 협조 체계에 대해 집중적으로 살펴볼까 합니다.'

어떻게? : '여러분 모두의 의견을 수렴하기 위해 각 부서에 이 사안을 다룰 작업 그룹을 구성하여, 경영진에게 여러분의 의견을 전달하거나 피드백을 받는 업무를 전담시킬 예정입니다. 이 작업은 다음 한 달 동안 진행되며, 제안 사항은 5월 둘째 주까지 모두 검토할 예정입니다.'

이 과정에서 반발에 부딪히거나 청중의 집중도를 더욱 높이고 싶
을 때는 'Yes' 세트를 활용하면 된다(아래쪽을 확인하라).

이런 연습을 모두 마치고 나면 청중의 '뜨거운 관심'을 모두 아우
르는 도입부를 완성하는 셈이다. 또한 이 과정을 통해 얼마나 큰 자
신감이 충족될지도 한 번 생각해보라!

그런데 프레젠테이션을 하거나 사람들 앞에서 말을 하다 보면 남
의 생각을 쉽게 받아들이지 않는 이들에게 견해를 제시해야 할 때가
있다. 그런 순간에는 누구든 으레 자신감을 잃기 마련이고, 특히 많
은 사람 앞에서 발표하는 것 자체를 거북하게 여기는 사람이라면 더
욱 그러하다. 이런 경우 내 이야기에 냉소적인 사람들을 무시하고 호
의적인 이들에게만 집중하면 어떨까 하는 생각이 들기도 한다. 그러
나 그 유혹에 넘어가면 그곳에 모인 모든 사람에게 자신의 메시지를
전할 기회를 놓치고 만다. 다음에 소개할 전략은 사람들의 마음을 얻
고 자신감을 크게 키우는 데 도움이 된다.

'Yes' 세트

'Yes' 세트는 청중에게 동의를 표하게 하는 여러 가지 표현을 뜻한다. 'Yes' 세트의 목적은 다음과 같다.

- 수긍과 동의를 이끌어 내는 분위기 조성
- 청중이 발표자에게 동의하는 데 익숙해지게 하기
- 발표자가 청중의 상황을 이해한다는 것을 알리기
- 라포르 형성

아주 보편적인 사례를 한 번 살펴보자. 당신이 사업가들 앞에서 다음과 같이 말한다고 가정해 보자.

'현재, 전 세계 경제가 이례적인 난관에 봉착했기에, 우리 회사가 이전보다 훨씬 경쟁적인 환경에 처해 있음을 여러분 스스로 잘 느끼실 겁니다. 다들 바쁘실 테니 아마 오늘 이 시간을 최대한 유익하게 활용하길 바라실 테지요.'

위 예문에는 청중의 반향을 불러일으키는 표현이 몇 가지 나와 있다.

- '현재 전 세계 경제 상황이 난관에 봉착했는가? Yes.
- '사업가들은 더욱 경쟁적인 환경에 놓였는가? Yes.
- '그들은 바쁜 사람들인가? Yes.
- '그들은 그 시간을 최대한 유익하게 활용하길 바라는가? Yes.

이렇듯 당신이 이 짧은 이야기를 마칠 즈음에 청중은 네 번이나 'Yes'를 말하게 된다.

따라서 이 'Yes' 세트를 활용하고 싶다면, 사람들이 동의할 수밖에 없는 내용으로 이야기를 구성하라. 청중의 현재 상황과 관련하여 아는 지식을 모두 이용하고 'Yes' 세트로 발표자로서의 위상을 공고히 하는 것이다.

만약 그 자리에 어떤 이유로든 당신의 견해에 수긍하지 않는 사람들이 있을지라도, 'Yes' 세트에는 여전히 활용할 가치가 있다.

'Yes' 세트의 활용 사례

여러분이 모두 굉장히 바쁘시고 또 주말이 오기 전까지 끝마쳐야 할 업무가 잔뜩 쌓여 있다는 사실도 잘 압니다(Yes × 2).

아마 이 자리에는 경영진이 업무 처리 간소화에 대해 어떤 생각을 하는지 매우 궁금한 분들이 계실 테고(이와 관련된 사람들이 수긍함) 지금까지 해온 그대로 계속하는 편이 낫다고 여기는 분들도 계실 겁니다(그 외의 사람들이 수긍함). 물론 양쪽 모두의 입장을 이해합니다.

변화가 항상 좋은 것은 아니지요(모두가 수긍함). 하지만 그것이 더 나은 방법을 제공하고(일부 사람들이 수긍) 줄곧 문제를 일으킨 몇몇 업무 처리 절차를 제거할 수 있다면(또 다른 사람들이 수긍) 분명히 고려해 볼 가치는 있다고 봅니다. 여러분도 그렇게 생각하지 않으십니까?

변화를 기대하는 분이나 그렇지 않은 분 모두 계시겠지만, 아무튼 귀한 시간을 내어 이 자리에 와 주신 데 우선 감사드립니다. 앞으로 어떠한 변경 사항이 발생하든, 그전에 여러분 모두의 의견을 경청할 것을 약속드립니다.

이 방법을 사용하면 비록 사람들의 생각을 바꾸지는 못하더라도, 최소한 그들을 프레젠테이션에 귀 기울이게 하고 발표자가 그들의 관점을 이해한다는 것을 알릴 수 있다.

질문 다루기

어떤 집단이나 여러 사람을 대상으로 말할 때 적절히 대처하기 어려운 상황 중 하나가 바로 질문을 받을 때다. 당연한 말이지만, 질문은 우리가 전혀 예상치 않은 순간에 불쑥 날아들기도 한다.

누구나 프레젠테이션을 할 때마다 질문을 받으리라 예상한다. 특히 제안 사항을 탐탁하지 않게 여기는 사람들이 발표장에 모였을 때 그 예감은 더욱 잘 들어맞는다. 그때 우리가 꼭 실행해야 할 전략은 바로 이것이다.

브레인스토밍으로 각종 질문 내용을 미리 만들어 보고 적절한 답변을 계획하라.

이 방법을 활용하면 큰 자신감을 얻을 수 있다.

어떤 작업 그룹이나 고객을 대상으로 프레젠테이션을 할 때, 아예 처음부터 질문을 언제 어떻게 처리할지 미리 말해 두는 편이 좋다. 여기에는 기본적으로 세 가지 방법이 존재한다.

1. 발표를 마치고 모든 질문을 받는다. 따라서 처음에 다음과 같이 공지해야 한다.

   '분명히 발표 중에 궁금한 사항이 몇 가지 나오리라 생각합니다. 질문 시간은 일단 제 프레젠테이션/이야기가 끝난 뒤에 드리겠습니다. 그러니 질문은 그때그때 적어 두시고 나중에 물어보시면 감사하겠습니다.'

2. 발표 진행 중에 질문을 받는다. 이 방식의 장점은 사람들의 의문점을 그 자리에서 즉시 해결하여 이어지는 발표 내용에 그들을 집중시킬 수 있다는 것이다. 단점은 시간 조절이 어려워서 정해진 시간 안에 모든 과정을 마치려면 질문을 중간에 끊는 경우도 있다는 것이다. 물론 결정은 당신의 몫이다.

3. 두 필자는 고객을 대상으로 비즈니스 프레젠테이션을 하는 사람들을 위해 효과적인 방법을 한 가지 고안했다. 우리는 발표 시작 전에 이렇게 이야기한다. '아마 프레젠테이션이 끝난 후에 질문하려고 생각 중인 분들이 계실 겁니다. 그러지 마시고 휴식 시간에 저희한테 궁금한 내용을 물어보셨으면 하는데요. 그렇게 하는 편이 여러분에게 더 도움이 되지 않을까요? 물론 모든 사람이 이 제안대로 행동하지는 않았지만, 휴식 시간을 활용한

사람들은 나름대로 바람직한 결과를 얻을 수 있었다.

어떤 방법을 선택하든 결국 질문 시간을 맞이하기 마련이다. 그때 각종 질문에 잘 대처하기 위한 비결은 아래와 같다.

- 복합적인 질문이 들어올 때는 의문 사항을 따로 분리하여 한 번에 하나씩 답하라. 거꾸로 질문자에게 이렇게 물어볼 수도 있다. '질문 내용 중에서 무엇에 대한 답을 먼저 듣고 싶으신가요?' 이 방법은 질문자가 가장 중요하게 여기는 내용이 무엇인지 파악하게 해준다. 여기에 효과적인 답을 제시하고 나면 대체로 나머지 부분에는 크게 신경 쓸 필요가 없어진다.

- 질문자의 몸짓과 어조에 특히 주의를 기울여라. 행동과 목소리에서 질문 의도가 잘 드러나기 때문이다.

- 질문에 대답하기 전에 반드시 그 내용을 잘 이해하도록 한다. 미심쩍거나 애매한 부분이 있다면 질문에 정확히 어떤 뜻이 담겼는지 물어보라.

- 청중 수가 많을 때는 모든 사람이 잘 들을 수 있게 발표자가 질문 내용을 반복해서 말하는 것이 바람직하다. 복잡한 질문이 들어왔을 때는 가능하면 더 쉬운 표현으로 바꿔 말하도록 하라. '질문을 확실하게 이해할 필요가 있겠네요. 그러니까 달리 말하자면 …하다는 말씀이시죠?'

- 사람들과 눈을 맞추는 비율은 질문자에게 40퍼센트, 그 외의 청

중에게 60퍼센트 정도로 유지하라.

- 대답할 때는 질문자의 이름을 언급하라.
- 대답할 수 없는 질문에는 답하지 마라! 괜히 둘러댈 필요가 없다! 질문에 적합한 답을 모른다고 순순히 인정하고 일정 기간 안에 해답을 찾아 알려주겠다고 말하라. 그리고 그 약속은 필히 지켜야 한다!
- 질문자가 대답에 만족하는지 확인하라. '질문에 제대로 답이 됐나요?' '의문이 해결됐습니까?'
- 답변을 생각할 시간이 필요하다면, 잠시 진행을 멈추고 한숨 돌리도록 하라! 천천히 시간을 들여 생각하라. 물을 한 모금 마셔도 좋다. 밝고 편안한 태도를 유지하라. 이는 자신감을 드러내는 강력한 증거가 된다.
- 프레젠테이션 도중에 질문을 받을 경우, 질문 사항이 나중에 소개할 내용과 관련된 것이라면 그때가 돼서 원하는 답변을 해주겠다고 질문자에게 말하라. 그리고 발표를 계속 진행하라.
- 부정적인 질문은 정보를 요청한다는 뜻으로 바꿔 생각하라. 가령 누군가가 '대체 조사 기간이 그렇게 오래 걸린 이유가 뭡니까?'라고 물을 경우, 이 질문을 복창하며 부정적인 측면을 강조하지 말고 다음과 같이 말하라. '저희의 조사 방식이 어떠한지 더 알고 싶으신가 보군요. 거기에는 합리적인 근거가 ……'
- 부정적이거나 적대적인 느낌의 단어는 가능하면 반복하여 말하

지 않는다.

- 누군가가 성급하게 그릇된 결론을 내리거나 발표자가 의도하지 않은 결과를 추측할 경우, 그것을 정정해야 한다.
- 또한 질문자가 엉뚱한 질문으로 논점을 흐리려 할 경우, 정중한 태도를 유지하며 원래 화제로 이야기를 이어가야 한다.
- 다소 공격적인 질문이 들어왔다면 그 뒤에 담긴 의미를 파악하려고 노력하라(이렇게 까다로운 상황을 다루는 방법은 제6장에서 더 자세히 다룰 것이다). '질문 감사합니다. 그렇게 여쭤보신 이유가 뭔지 궁금하네요.'
- 질문 시간을 마칠 때는 질문에 답변할 기회를 안겨준 청중에게 대한 감사 인사를 하고 내용을 정리하도록 한다.
- 두 필자는 늘 한 가지 질문을 덧붙인다. '마치기 전에 더 하실 말씀이 있나요?' 대개 그 대답은 '없다'로 끝난다. 하지만 이따금 이 물음을 통해 얻은 귀중한 정보는 발표자에게 큰 도움이 되기도 한다. 물론 모든 선택은 당신의 손에 달렸다.
- 그 밖에 지켜야 할 사항:
  - 대답은 간결하게 하라.
  - 항상 논점을 지켜라.
  - 평정심을 유지하라.

대외적인 인맥 구축 활동

어떤 사람들은 '네트워킹(인맥 구축 활동)'이라는 단어만 들어도 공포감을 느낀다고 한다. 실제로 필자들은 네트워킹 이벤트를 끔찍이 겁내며 이런 모임에서 빠질 수만 있다면 무슨 짓이든 하겠다는 사람들을 만난 적이 있다!

사람이 살면서 겪는 경험 대부분은 개개인이 대상을 바라보는 관점에 달려 있다. 두 필자의 연구에 참여했던 사람들이 '프레젠테이션'이라는 단어를 '대화'로 바꿔 생각하는 것만으로도 큰 변화를 보였다는 사실을 다시 생각해보기 바란다. 이번에는 '네트워킹'이라는 단어에 같은 원리를 적용해 보자.

네트워킹이란 무엇이고 그 목적은 어디에 있을까? 사실 사람은 거의 매일 이 활동을 한다. 다만 그때마다 상황이 다를 뿐이다.

• 파티는 네트워킹에 속할까?

- 어떤 교육 과정에 참여했을 때 네트워킹의 기회가 생겼다고 할 수 있을까?
- 기업 간 회의에는 네트워킹 효과가 있을까?
- 옛 친구들과 동창회를 여는 것을 네트워킹이라 할 수 있을까?

답은 모두 '그렇다'이다. 물론 이 답은 위와 같은 활동이 성공적인 인간관계를 구축하고 촉진한다는 전제하에서 그 타당성을 인정받는다.

그런데 사람마다 다른 어떤 행사보다 더 편하게 느껴지는 모임이 따로 있는 것은 분명하다. 그 비결은 우리가 친구들과 함께 파티를 즐기며 느끼는 안락감을 낯선 사람들과 함께하는 자리에도 적용할 수 있느냐에 달렸다.

우리는 이미 제3장 '대화의 기초'에서 어떠한 환경에서도 효과적으로 활용 가능한 전략을 여러모로 살펴봤다. 네트워킹 이벤트 역시 그러한 맥락에 속한다.

두 필자가 아는 이들 중에서 네트워킹에 능한 사람들은 모두 훌륭한 경청자이자 질문자다. 그들은 선천적으로 남에게 호기심을 느끼고 다른 사람에 대해 알아보는 것을 좋아한다. 또한 어떤 네트워킹 이벤트에 참가하든지 매우 명확한 목적을 설정한다. 이처럼 우리가 앞에서 익힌 다양한 지식이 여기서도 중요하다는 사실을 가슴에 새기기 바란다!

지금보다 더 큰 자신감을 얻고자 한다면, 모든 네트워킹 이벤트를 사업적 또는 사회적인 인맥을 넓힐 수 있는 기회로 여기고 모임 자체에 기대감을 품어라. 그리고 이 책이 선사하는 황금 비법을 활용하라. 이 방법을 잘 따른다면 더 이상 당신에게 실패는 없다!

출발점

일반적으로 네트워킹은 격식 없는 사교 모임을 통해 사업적 인맥을 구축하는 방법으로 알려져 있다. 어쩌면 지금 당신이 원하는 것이 이런 활동일지도 모른다. 하지만 성격이 아주 외향적인 사람이 아니라면, 억지로 용기를 쥐어짜서 깊은 물속으로 몸을 던질 필요는 없다. 그렇게 해봤자 스트레스와 근심만 늘어갈 뿐, 결과적으로 인맥 구축 활동 자체가 꺼려지기 십상이기 때문이다.

사람들이 네트워킹을 시작하는 이유는 개인적인 목적이나 업무상 필요성, 혹은 회사를 대표하여 다른 기업체 사람들을 알아둘 필요성 때문일 수도 있다.

당신이 어느 쪽에 속하는지는 모르겠지만, 일단 네트워킹 이벤트에서 자신감을 쌓는 방법 중 가장 쉬운 것부터 시작해 보자.

1. 아는 사람부터 시작하라 : 네트워킹의 목적이 업무나 사업 문제로 인맥을 넓히는 데 있다면, 먼저 기존에 아는 사람을 중심으로 활동을 시작하라. 그 대상은 친구 혹은 회사 생활을 하며 예전에

만났던 누군가가 될 수 있다.

옛 친구들에게 연락하거나 동창회에 참석하여 우정에 다시 불을 붙이는 것은 어떨까? 그렇다고 해서 요즘 유행하는 페이스북(Facebook)이나 링크드인(Linkedin) 같은 소셜 네트워킹 사이트를 통해 꼭 연락을 주고받을 필요는 없다. 물론 그것이 어떤 시발점이 될 수도 있다.

여기서 꼭 기억해야 할 점 하나는, 어떤 종류의 네트워킹 이벤트든 그 자리에 참가한 이들의 목적이 새로운 사람을 만나는 데 있다는 사실이다. 결국 참가자 모두가 같은 배를 탄 동지인 셈이다!

2. 관심이 가는 곳으로 가라 : 네트워킹을 시작하기 좋은 장소는 바로 관심사가 비슷한 사람들이 모이는 자리다. 당신은 특정 스포츠에 열광하는가? 아니면 어떤 취미가 있는가? 음악을 좋아하거나 걷기 운동을 즐기는가?

나와 흥미가 비슷한 사람들은 과연 어떤 곳에 모일까? 라포르 형성을 다룬 제4장에서 사람이 자신과 닮은 사람을 좋아한다고 이야기한 바 있다. 이 점을 잘 이해했다면 당신은 공통된 관심사가 오르내리는 대화를 통해 그들을 훨씬 쉽게 찾아낼 수 있을 것이다.

3. 네트워킹을 최대한 활용하는 방법 : 그럼 이번에는 실제로 비즈니스 네트워킹 이벤트에 참가한다고 가정하고 이 모임을 최대

한 활용하는 방법을 알아보자. 이때는 3단계 전략을 마련해야
한다.

– 준비

– 참여

– 후속 연락

그럼 이것을 한 단계씩 살펴보자.

준비

네트워킹 이벤트에 참가하는 이유를 먼저 생각하라. 모임에서 무
엇을 얻고 싶은가? 목적은 무엇인가? 그곳에서 당신 자신과 직무를
위해 어떤 가치를 이끌어 내고 싶은가?

일단 소개말을 준비하자. 분명한 사실은, 그 모임에서 누군가가 반
드시 당신이 누구이고 어떤 일을 하는지 묻는다는 것이다. 그리고 그
러한 질문은 주위 사람들로부터 긍정적인 반응을 이끌어낼 기회가
된다. 이 말만큼은 철썩 같이 믿어도 좋다! 그럼 멋진 소개말을 준비
하는 몇 가지 팁을 살펴보자.

1. 소개말은 짧고 간결해야 한다. 바쁜 사람들 앞에서 1923년부터
   시작된 당신 회사의 연혁을 얘기하는 것은 멍청한 짓이다. 아무
   리 길어도 15초 안에 끝내야 한다. 내용을 적어두고 시간을 재면

서 자연스럽게 얘기할 수 있을 때까지 연습을 반복하라.

2. 당신의 회사가 하는 일을 말하지 말고 현재까지 달성한 성과를 말하라. 이 설명으로 상대방은 당신을 알고 지낼 때 얻을 수 있는 사업상의 이점을 자연스레 알게 된다. 예를 들면 다음과 같다.

'저는 존 스미스라고 합니다. ABC회계사무소에서 일하고 있죠. 저희는 중소기업이 수익을 극대화하고 세금 부담을 최소화하도록 돕고 있습니다.'

'질 브라운이라고 해요. 저는 XYZ소프트웨어에서 근무한답니다. 저희 회사는 유통업계를 대상으로 정확한 고객 활동 정보를 제공하는 IT 솔루션을 설계하고 있지요.'

'저는 팀 페런입니다. 엑스트라오디너리 코칭 컴퍼니의 공동 오너이죠. 저희는 중소기업이 각 사업 분야에서 숨은 이익을 발견하도록 돕는 일을 합니다.'

개인적인 목적을 위해서나 새로운 일자리와 관련된 인맥을 구축하려고 모임에 참석한다면 자기소개를 준비해야 한다. 다른 소개말과 마찬가지로 짧고 간결해야 하며 당신과 함께할 때 사업과 직무 면에서 어떤 이점이 생기는지 제대로 알려야 한다. 이력서를 읊거나 지난 15년간의 직장 경력을 줄줄 소개하는 자리가 아님을 기억하라. 자기소개 역시 내용을 적고 시간을 재면서 말하기를 반복 연습해야 한다.

그리고 혹시 나올지 모를 질문, 이를테면 '왜 이직을 결심하셨어요?' 같은 질문에도 미리 답변을 준비해 둬야 한다.

네트워킹 이벤트에 직장 동료가 함께 참가하지 못할 경우, 그들을 대신하여 누구를 만날지 물어보라. 이 전략은 동료를 활용하여 해당 분야의 저명인사들에게 접근할 명분을 제공한다.

행사 일정표를 받았을 때는 내용을 유심히 살펴보고 각 세션에서 어떤 활동을 하는지 확인하라. 그중 어떤 세션이 자신에게 가장 유익할지 파악하고 거기서 어떤 성과를 얻을지 고려하라. 그 자리에 참석하여 당신은 구체적으로 무엇을 배우고/이해하고/하고 싶은가?

일정표를 읽어볼 때는 참가자 명단도 함께 확인하라. 행사 주최 측에서 명단을 제공하지 않는다면 그 정보를 얻을 수 있는지 직접 물어보기 바란다.

네트워킹 이벤트에서는 누구와 만나 대화를 나누고, 또 그들과 접촉하는 이유가 무엇인지 미리 정해야 한다. 대화 중에 언제든 활용할 수 있도록 그 사람이 근무하는 회사를 미리 조사하여 상세한 내용을 알아두면 좋다. 이렇게 미리 정보를 입수하면 처음 만났을 때 '말문을 열기'가 수월하다. 그다음에는 대화의 운을 떼는 표현이나 질문을 계획할 차례다. 이때 구상할 수 있는 질문 영역에는 다음과 같은 정보가 포함된다.

- 회사의 사업적 배경
- 해당 분야 사업 이력

- 그 일을 시작한 이유 및 방법
- 일을 하며 경험한 최고의 순간/가장 어려웠던 순간
- 업력
- 사업의 진행 현황
- 현재 주요 과제
- 주요 경쟁 업체
- 장래 계획과 목표

이런 모임에서는 몇 명을 만날지 현실적인 목표를 세워야 한다. 그리고 언제 어떻게 그들과 접촉할지 결정해야 한다. 물론 그곳에서 '유력 인사'를 만나고 싶은 사람도 있을 것이다. 그런 만남 역시 이런 행사가 주는 재미이니 말이다. 하지만 그런 사람들 외에도 앞으로의 비즈니스에 막대한 가치를 안겨 줄 누군가를 만날 수 있음을 기억해야 한다.

앞서 언급한 '유력 인사'에 대해 한 가지 당부하자면, 일을 어떻게 쉽게 풀어 보려고 온종일 그들과 함께 시간을 보낼 생각은 하지 않는 편이 좋겠다는 것이다.

본인이 참가했던 네트워킹 이벤트가 성공적이었는지 아닌지를 평가할 수 있는 수단 역시 마련해야 한다. 모임에 그만큼 시간을 들일 값어치가 있었는지 어떻게 알 수 있을까? 모임을 마친 시점에서 처음 그곳에 도착했을 때와 달리 어떤 수확을 거두었는지와, 또 바라던 바가 실현되었는지는 어떻게 확인할 것인가?

또한 실용적인 면을 고려하여 명함과 메모지, 그리고 펜을 몇 개 꼭 챙기도록 하라. 이때 펜을 하나 이상 가져가는 이유가 무엇일까? 왜냐하면, 참가자 중에 깜빡하고 필기구를 가져오지 않는 사람들이 꼭 몇 명씩 있기 때문이다. 그런 이들에게 펜을 빌려주는 순간을 즐겨라. 그들은 추후에 당신의 전화 통화에 기꺼이 응답하며 즐겁게 이야기를 나눌 것이다!

사람들이 접근을 거부하는 상황에도 대비하는 편이 좋다. 당신과 대화를 나누길 꺼리거나 사정상 이야기를 할 수 없는 사람들도 있을 테니까. 흔히 길에서 파는 티셔츠의 문구처럼 '세상에는 그런 일도 있는 법' 아니겠는가. 어차피 그곳은 사적인 만남이 아니라 사업과 일을 위한 만남의 장소다. 그럴 때는 개의치 말고 계속해서 다른 사람들을 만나도록 하라.

마지막으로, 네트워킹 이벤트 자체를 즐겨라! 물론 너무 많은 것을 요구한다는 생각이 들지도 모르겠지만, 지금까지 이 책에서 제시한 모든 기술과 전략을 활용한다면 분명히 당신은 그 자리를 즐길 수 있을 것이다. 틀림없이 그러리라 장담한다!

참가한 모임에서 어떤 가치를 구하는 일 외에, 지금까지 이야기한 '체크리스트'를 모두 완성하는 것 역시 바람직한 결과를 안겨 준다. 이는 곧 목표 달성에 초점을 맞추고 그것과 관련된 사람들을 만나며 각종 정보를 얻고자 노력한다는 뜻이다. 결과적으로 모임에서는 자신이 아닌 다른 사람에게 모든 관심을 쏟게 된다. 한마디로 긴장하거나 불안감을 느낄 새가 없어진다는 말이다!

참가

네트워킹 이벤트를 낯설게 여기거나 겁내는 사람에게 무엇보다 필요한 주문은 바로 이것이다.

'스스로 마음을 편히 먹어라.'

1. 이유를 막론하고 모임에 참가하기도 전에 긴장감이나 불안감이 엄습한다면 다음 팁을 활용하라.

- 잠시, 홀로 조용히 서서 제4장에서 언급한 '바른 자세'를 취해 본다. 즉, 바르게 서서 고개를 곧게 세워라.

- 꿋꿋한 자세를 유지하라. 이를 위해 양다리를 골반 너비로 벌려서 서고, 다리에 체중을 고르게 분산시키도록 하라.

- 걸을 때는 확실한 목적을 두고 움직여라.

- 편안하게 깊이 숨을 들이쉬고 내쉬어라. 복식 호흡으로 숨을 깊이 들이마시고 내뱉으면 긴장이 완화되고 자신감이 넘친다는 신호가 뇌로 전송된다.

- 숨을 내쉬는 시간을 들이쉴 때보다 2배 정도로 길게 잡고 규칙적으로 호흡하라. 가령, 숨을 5초간 들이쉬었다면 숨을 내쉴 때는

10초를 세라는 뜻이다.

- 6~7회 정도 숨을 들이쉬고 내쉰 다음 마음이 얼마나 안정되었는
  지 느껴라.

- 그 기분을 그대로 안고 모임 장소로 향하라.

2. 네트워킹 이벤트에 개인적인 목적으로 참가한 사람들에게 자기
   소개를 하라. 이를 통해 서서히 모임의 분위기에 적응하고 편안
   한 마음으로 다양한 대화 기술을 연습할 수 있다.

3. 인원이 적은 집단 쪽으로 접근하라. 그러면 자기소개를 하기도
   더 쉽고 그 자리에 모인 개개인과 관계를 맺기도 쉽다.

4. 앞에서 익힌 여러 가지 지식이 네트워킹 이벤트에서도 여전히
   중요함을 다시 한 번 기억하라! 제4장에서 살펴본 듣기, 질문하
   기, 호기심을 유발하는 기술을 적용할 기회가 눈앞에 펼쳐져
   있다.

5. 함께 대화한 사람들에 대해 최대한 많은 정보를 입수하고 필요
   에 따라 각종 자료나 연락처 정보를 제공하도록 하라. 당신의 정
   보가 상대방에게 유용할 수도 있다.

6. 모임에서 만난 이들에게 명함을 요청하라. 여기에는 이런 장점
   들이 있다.

- 그들의 이름을 기억할 수 있다.

- 내가 누구와 이야기했고 어떻게 연락할 수 있는지 알게 된다.

- 명함 뒷면에 어떤 이야기를 했는지 간략히 적어 두면 나중에 다

시 연락할 때 대화 내용을 떠올릴 수 있다.

7. 명함을 받을 때는 상대와 연락 시 필요한 정보가 모두 기재되었
   는지 반드시 확인한다.

8. 명함을 건네준 사람에게 차후에 연락할 생각이라면 미리 그 점
   에 대해 허락을 구한다.

9. '까다로운 상황'에 대처하는 방법

- 대화가 자연스레 마무리되거나 상대와 더는 할 말이 없을 때는
  양해를 구하고 다음 목표를 찾아 움직여라. 그때는 이렇게 말하
  면 된다. '만나서 정말 반가웠습니다. 여기서 뵙고 싶은 분들이
  너무 많아서 그런데, 혹시 괜찮으시다면 먼저 실례하겠습니다.'

- 이미 만났던 적이 있는 사람과 다시 마주쳤을 때 이름이 기억나
  지 않는다면 그때는 '또 뵙는군요. 죄송하지만 다시 한 번 성함
  을 알려주시면 감사하겠습니다.'라고 묻고 당신의 이름도 다시
  알려주도록 하라.

- 대화를 더 나눌 필요가 없는 사람과 다시 마주쳤을 때는 그곳에
  서 만난 이들 중에 특별히 추천할 만한 사람이 있는지 물어보라.
  아니면 그 반대로 당신이 만나 본 이들 중에 흥미로웠던 누군가
  를 만나 보라고 상대에게 권유하라.

후속 연락

후속 연락은 모임이 끝난 후 스물네 시간 내에 한다. 요즘은 대체

로 이메일이나 전화 통화를 이용해 연락하는 편이다. 그러나 상대방에게 강한 인상을 남기고 싶다면 직접 편지나 쪽지를 써서 보내도록 하라. 물론 어떤 방식으로 연락하든지 그들은 당신을 기억할 것이다.

이 방법을 따르면 이후 다시 연락하기가 훨씬 쉬워지며, 상대가 당신과의 대화를 기꺼이 반긴다는 사실을 알고 부담 없이 통화를 시도할 수 있다.

## Chapter 6

까다로운 상황 속의 대화법

늘 자신감이 충만한 달변가들조차도 그들의 유창한 대화 능력을 시험에 들게 하는 '까다로운 상황'을 겪는다. 이렇듯 누구든 인생을 살면서 사람 때문에 혹은 말 때문에 곤란을 경험할 때가 있다. 그리고 그런 상황을 만드는 대상은 바로 가족이나 고객, 혹은 직장 동료일 수 있다.

누군가가 공격적으로 행동하거나 자기 생각만을 끈질기게 고수할 때, 혹은 남에게 무엇인가를 요구할 필요를 느낄 때, 또 감정이 격해진 상태로 타인과 대화를 시도하는 순간, 우리는 종종 불쾌감이나 불안함을 느낀다.

이번 장에서는 쉽사리 대처하기 곤란한 상황에서 적용 가능한 일반 원칙과 '언제 어디서나' 활용할 수 있는 전략을 다루고, 성공을 이끄는 각종 전략과 수단을 구체적인 상황을 통해 살펴볼 것이다.

일반 원칙

먼저 일반 원칙부터 살펴보자. 효과적인 대화의 달인들에게는 기본적으로 다음과 같은 믿음이 있다.

'모든 행동에는 명확한 의도가 존재한다.'

이 말은, 비록 남들 눈에는 다소 이상하게 보일지라도, 모든 행동에 나름대로 타당한 이유가 있다는 뜻이다.

당신은 누가 어떤 일을 별난 방식으로 처리할 때 '저 사람은 대체 왜 저런데?' 혹은 '저렇게 해서 뭘 어쩌려는 거지?'라고 생각한 적이 없는가? 만약 있다면, 세상 모든 사람과 같은 경험을 한 것이다.

하지만 믿거나 말거나, 그런 행동에는 분명한 의도가 존재한다. 그들은 자신만의 방식으로 뭔가를 이끌어 내려 하며, 더 중요한 사실은 그 행동을 통해서 어떤 결과를 진심으로 이루려 한다는 것이다. 그렇다면 대체 그 의도가 무엇인가? 글쎄, 사실 그것을 정확히 알기 전까지는 오로지 추측만 가능할 뿐이다.

그럼 타인의 의도를 왜 알아야 하는가? 왜냐하면, 우리가 상대의 '까다롭거나' 도발적인 행동 앞에서 생각 없이 즉각 반응하기 쉽기 때문이다. 어떨 때는 방어적인 자세를 취하기도 하고, 어떨 때는 그 사람과 충돌하기도 한다. 또 어떨 때는 그 결과로 눈물을 흘리기도 한다.

이런 상황에 훌륭하게 대처하기 위한 비결은 바로 이것이다.

'상대의 명확한 의도를 파악하라!'

즉시 그들의 행동에 반응하지 말고 숨은 의도를 찾으려 노력하라. 필자들과 함께 일하는 누군가는 이것을 그 귀한 '송로버섯 찾기(truffle hunting)'에 빗대어 말한 바 있다. 그렇다면 대관절 어찌해야 그 의도를 파악한단 말인가? 여기서는 빌의 사례를 한 번 살펴보자.

빌의 이야기

존은 조이스라는 직원과 함께 고객사 사무실에서 영업부서의 워크숍을 준비하고 있었다. 문이 열리는 소리가 들렸을 때, 존은 바쁘게 자료를 살펴보던 중이었다. 조이스가 말했다. "존, 빌 씨가 왔어요. 오늘 교육에 참가하는 분이죠." 붙임성이 좋은 존은 빌에게 악수를 청했다. "안녕하세요?"

그때 빌이 한 말을 지면에 그대로 옮기지는 못한다. 그러면 이 책이 절대로 도서 검열을 통과하지 못할 테니까! 그는 자신이 얼마나 많은 시간을 낭비했고 영업 교육이 얼마나 쓸모없는지, 지난 한 달 동안 어떤 기분을 느꼈고 얼마나 많은 업무를 처리해야 했는지를 이야기하며 차마 입에 담기 어려운 욕설을 함께 내뱉었다!

그런 순간에 어떤 느낌이 드는지는 다들 잘 알 것이다. 마치 감정이 폭풍우처럼 휘몰아치는 듯한 그런 느낌. 존은 그 자리에 가만히 서 있었다. 몸의 신경 세포 하나하나가 곧장 반응하길 바랐고 내심 '이봐요, 그딴 기분이 들면 여기 있지 말고 그냥 당신 할 일이나 하러 돌아가쇼.'라고 말하고 싶었지만, 그는 꾹 참았다.

결국 폭풍우는 잦아들었다. 빌이 모든 말을 마쳤을 때, 존은 그저 그를 바라보고만 있었다. 사실 존은 어떻게 하든 아쉬울 것이 없었다. 하지만 감정을 죽이고 이렇게 말했다. "글쎄, 빌 씨, 저는 당신이 그런 말을 한 이유가 뭔지 궁금하군요." 도리어 역으로 한 방 먹인 느낌이었다. 빌은 잠시 주저하다가 말했다. "사실 저한테는 폐쇄 공포증이 있어요. 이렇게 작은 방에 많은 사람과 함께 있는 걸 못 견디거든요." 오호! 빌이 워크숍을 꺼리는 원인, 즉 그의 명확한 의도가 한 가지 밝혀졌다.

두 사람은 잠시 대화를 나눴고, 존은 지난번 영업 교육에서 강사가 많은 동료 직원 앞에서 빌을 바보 취급했다는 사실을 알게 되었다! 오호라! 빌이 워크숍을 꺼리는 원인, 즉 그의 명확한 의도가 또 한 가지 밝혀졌다.

그래서 어떻게 됐느냐고?

존은 빌을 문 근처에 앉히고 충분한 양의 물을 준비했으며, 교육 중에 그가 밖으로 나가고 싶으면 언제든지 그래도 좋다고 허락했다. 그리고 지난번 강사와 완전히 다른 방식으로 교육을 진행하겠다는 설명도 덧붙였다.

만약 존이 빌의 무례한 행동에 즉각 반응하여 워크숍에 참석하지 말고 자기 일이나 보러 가라고 말했다면 어떻게 됐을까? 아마 빌은 그때 자신이 원하는 대로 했을 테고, 그의 행동 뒤에 숨은 의도는 현실이 되었을 것이다.

물론 이 사례처럼 상대의 의도를 파악하는 것이 늘 쉽지만은 않다. 하지만 분명히 시도해 볼 가치는 있다. 특정한 행동의 이면에 존재하는 의도를 파악하는 일은 항상 해볼 만한 가치가 있는 것이다.

가장 좋은 방법은 질문을 던지는 것이다. 존은 이렇게 물었다. "당신이 그런 말을 한 이유가 뭔지 궁금하군요." 물론 이보다 더 좋은 질문도 있을 테고, 그 상황에서는 다른 방식으로 의중을 물을 수도 있을 것이다. 그러나 존의 질문이 높이 평가받는 까닭은, 실제로 그것이 효과를 발휘하여 질문자 자신이 바라는 결과를 이끌었기 때문이다. 여기서 크리슈나무르티의 말을 다시 한 번 마음에 새기기 바란다.

"우리가 바라는 지식은 묻고자 하는 그 질문 속에 있다."

어떤 행동의 명확한 의도를 파악하기 위해 던질 수 있는 질문에는 또 무엇이 있을까?

예를 들면 다음과 같다.

'그런 행동을 하는 이유가 뭐죠?

'어떤 목적으로 그런 행동을/그렇게 하시나요?

'그럴 때는 무슨 생각을 하시죠?

'그렇게 해서 무엇을 얻을 수 있나요?

어쩌면 이와 같은 질문 방식이 조금 이상하게 느껴질지도 모른다. 아마 이런 생각이 들지 않을까. '난 절대 저런 식으로 말하지 않아.' 이는 지극히 당연한 반응이다. 지금까지 당신이 말하던 방식과는 분명히 다를 수 있으니 말이다. 그러나 정작 당신은 이런 질문으로 어떤 정보를 얻고자 한 적이 한 번도 없을지 모른다.

한 가지 덧붙이자면, 필자들의 경험으로 미루어 봤을 때, 실제로 타인에게 이와같은 물음을 던지는 사람은 매우 적은 편이고 이런 질문을 받은 사람 역시 지극히 찾기 어렵다. 하지만 분명한 것은, 숨은 의도를 가지고 있는 질문을 하면 대부분 질문자가 원하는 답을 한다는 사실이다.

빌의 사례에서 또 하나 눈여겨봐야 할 것은, 존이 '왜 그런 말을 했죠?'라고 단도직입적으로 묻지 않고 '글쎄요, 빌, 저는 …… 궁금하군요.'라고 다른 표현을 덧붙였다는 사실이다. 이는 질문의 '날을 제거하는' 훌륭한 전략이다. 이 기법은 말을 부드럽게 바꾸고 혹시 일어날지 모를 쌍방의 대립을 최소화하며 당혹감 대신 질문자의 호기심을 드러낸다! 그리고 이러한 호기심은 모든 이가 당연히 발달시켜야 할 요소다.

이번에는 효과적인 대화의 달인들이 또 어떤 믿음을 따르는지 살펴보자.

'내 말 속에 담긴 의미는 곧 상대의 반응과 같다.'

그들은 이 믿음에 기초하여 말로 인해 발생하는 모든 반응에 전적으로 자기 책임이 있다고 생각한다. 이는 결국 우리가 인간관계와 대화 속에서 일정한 역할을 담당한다는 뜻이다.

우리는 때때로, 특히 어떤 난감한 상황에 맞닥뜨렸을 때, 문제의 원인을 다른 사람 탓으로 돌리곤 한다. 아마 다들 이런 말을 한두 번쯤은 들어봤으리라.

'그 친구하고는 아예 말을 못하겠어.'

'그 사람들이 생각을 조금만 바꾸면 일이 훨씬 잘 풀릴 텐데 말이에요.'

'진짜 상대하기 어려운 사람들이에요.'

'난 이제 포기했어. 도무지 바뀌질 않는 사람들이라고.'

사실 개중에는 다른 사람보다 유난히 더 까다롭게 구는 이들이 종종 있다. 그런데, 혹시 당신이 그런 사람은 아닌가?

아무튼 여기서 모두가 인정해야 할 것은, 의사소통에서 발생하는 모든 일에 대해 자신에게 어느 정도 책임이 있다는 사실이다. 대화라는 시스템에 속한 우리가 변화를 바란다면, 결국 해답은 이것뿐이다. 시스템 내부의 무언가가 바뀌어야 한다는 것이다.

속담 중에 이런 말이 있다.

"늘 하던 대로만 하면, 늘 같은 결과만 나온다"

그리고 알베르트 아인슈타인(Albert Einstein)은 정신 이상을 정의하면서 이 속담을 이렇게 바꿔 말했다.

"같은 행동을 반복하고 또 반복하면서 다른 결과가 나오길 기대하는 것을 미친 짓이라고 한다."

만약 인간관계나 평소 생활에서 원하지 않는 결과가 일관되게 나타난다면, 그때는 당신이 그러한 상황이나 관계가 형성되는 데 일정 부분 원인을 제공했음을 깨달아야 한다. 한 가지 다행인 것은, 일단 그 사실을 인정하고 나면 곧장 대책 마련에 착수할 수 있다는 점이다.

그리고 그 대책을 강구하는 길은 소통의 달인들이 따르는 세 번째 신념으로 이어진다.

'어떤 관계에서든 유연하게 행동하는 사람이 변화를 촉진한다.'

간단히 말해서, 행동 방식을 쉽게 바꾸는 사람이 변화를 이끈다는 뜻이다. 수많은 사람이 계속해서 비생산적인 관계에서 벗어나지 못하는 이유는, 대개 그들에게 문제가 되는 행동을 멈추거나 다른 대처 방법을 찾을 수 있는 유연성이 없기 때문이다.

살다 보면 직장과 사회생활, 친구 관계나 결혼생활에서 이런 경우를 자주 직면하게 된다. 흥미로운 사실은, 사람이 태도나 행동을 쉽게 바꾸지 않는 이유가 바로 다음과 같은 생각에 있다는 점이다. '태도를 바꾸면/그 행동을 그만두면 아마 내가 굴복한 것처럼 보일 거야.' 결국 사람이 변화를 꺼리는 모습 뒤에도 명확한 의도가 존재한다는 뜻이다. 즉, 나약해 보이지 않으려는 욕구가 그것이다.

하지만 곰곰이 생각해보면, 진리는 오히려 그 반대쪽에 있다. 변화의 필요성을 느끼는 사람, 진취적으로 행동하는 사람, 새롭고 더 나은 행동 방식을 창안하는 사람을 나약하다고 하기는 어렵지 않은가. 우리는 강인한 그들이 계속 앞으로 나아가도록 추진력을 더해야 한다. 게다가 그들은 누구보다도 명확한 의도 아래 행동하는 사람들이다.

그런데 그렇게 변화를 일으키고자 노력해도 아무 일도 일어나지 않고 바라던 바와는 다른 결과가 나타날 때가 있다. 그럼 그때는 어떻게 해야 할까? 일단 효과적인 대화의 달인들이 추구하는 네 번째 믿음을 살펴보자.

'모든 결과는 일종의 성과다.

거기에는 단지 피드백만 있을 뿐, 실패란 없다'

한데 이 말은 다들 쉽게 받아들이질 못한다. 우리가 이 표현을 곧 이곧대로 믿었다면, 아마 다들 이런 문구가 적힌 티셔츠를 한 장씩은 사지 않았을까?

마음의 준비를 단단히 하고 필요한 정보와 자원을 모아 실행까지 모두 마쳤는데 아무런 효과가 없을 때, 뒤돌아서서 '그래, 이 방법은 아무 성과를 내지 못했어. 이 정보로 내가 뭘 하면 될까? 뭘 어떻게 했다면 결과가 달라졌을까? 여기서 내가 뭘 배울 수 있을까? 다음에 변화를 시도할 때 이 경험이 어떻게 도움이 될까?'라고 생각하기란 참 어려운 일이다. 오히려 자리에 주저앉아 펑펑 울거나 벽에 머리를 찧으며 울부짖기 십상이니까. '진짜 열심히 했는데 완전히 망했어! 이제 이딴 짓은 절대 다시 하지 않을 거야!'

그럴 때는 뒤도 돌아보지 않고 떠나고 싶은 마음이 간절하다. 하지만 그래도 견뎌라. 그 보상은 그야말로 막대하다. 물론 할 수 있는 모든 노력을 쏟아 부었는데도 원하는 결과를 얻지 못할 때가 있다. 그러나 이것 하나만큼은 확실하다. 그때 당신은 자신에 대해 많은 것을 배우고 앞날의 선택지를 더욱 넓힐 수 있을 것이다. 즉, 인생에서 더 많은 선택의 기회를 맞이한다는 뜻이다. 이 책이 독자들에게 늘 어떤 선택의 기회가 있음을 깨닫게 하고 훌륭한 선택을 위한 능력을 향상시키는 데 도움이 된다면, 이미 충분한 가치를 발휘한 셈이다.

'언제 어디서나' 활용 가능한 전략의 마지막 조각은 바로 마음가짐이다.

어렵다고 생각하면 어려워진다

우리는 제1장에서 자신감을 부여하는 요소를 살펴보았다. 이번에는 그때 익힌 지식을 행동으로 옮길 차례다.

어떤 까다로운 대화를 나누는 상황에 놓였다고 가정해 보자. 대부분 한두 가지 정도는 떠올릴 수 있을 것이다. 사람은 대화가 원활히 진행되지 않을 것을 예감할 때도 있고, 혹은 뜻하지 않게 난관에 봉착할 때도 있다. 만약 문제의 순간이 올 것을 안다면, 그때는 대비하는 것이 상책이다.

성공을 향한, 혹은 '최상의 결과를 위한' 3단계 준비 전략

1. 원하지 않는 것이 아니라 원하는 것을 생각하라

자신이 대화에서 무엇을 얻고자 하는지 명확히 아는 것은 매우 중요하다.

제1장에서 원하지 않는 것 대신 원하는 것을 생각하기가 왜 중요한지 강조한 바 있다. 사람은 어려운 상황에 처했을 때 원치 않는 결과를 계속 떠올리기 쉽다. 인간관계의 부정적인 측면에 눈길을 돌리고 그 문제가 빨리 사라지길 바라는 것이다.

하지만 그렇게 부정적인 요소에 계속 주목하는 한, 문제는 계속 일어날 수밖에 없다. 온통 거기에만 정신을 집중하고 있기 때문이다. 따라서 생각의 초점을 다른 곳으로 옮겨야 한다. 그 말인즉슨 대화를 나누기 전에 자신이 진정으로 어떤 결과를 원하는지 생각해보라는 뜻이다. 여기서 한 걸음 더 나아가서 바라는 바를 종이에 적어 두는 것도 좋다. 이때 명심해야 할 점은 긍정적인 단어를 써서 생각하고 글을 적어야 한다는 사실이다. 다음 두 예문에 어떤 차이가 있는지 확인하기 바란다.

'그 사람이 그 문제에 대한 내 감정을 이해하고 그때의 행동이 내 기분을 상하게 했다는 것을 알았으면 한다. 내가 그에게 어떤 행동을 바라고 우리의 대화 방식을 바꾸기 위해 어떤 노력을 할지 그가 이해했으면 좋겠다.'

아래 글은 사뭇 대조적이다.

'그 사람이 더 이상 나를 무시하지 않고 내 기분을 상하지 않게 했으면 좋겠다.'

첫 번째 예문은 대화가 낳을 바람직한 결과와 인간관계의 미래상에 모든 초점을 맞추고 있다. 반대로 두 번째 예문은 해당 관계의 부정적인 측면과 예전 문제에 주안점을 두었다.

2. 바라는 바가 이뤄진 상황을 머릿속에 그린다

이 부분은 성공을 준비하는 과정에서 큰 줄기를 이루는데, 이때는 모하마드 알리가 '미래의 역사'를 창조했을 때처럼 별도의 준비 시간이 필요하다. 여기서 제시하는 몇 가지 전략 중에 어떤 것이 자신에게 가장 잘 맞는지 시험해 보기 바란다.

각본 쓰기

우선 아무에게도 방해받지 않는 조용한 곳을 찾아 마음을 안정시켜라.

앞으로 일어날 대화를 생각해보고 최대한 자세히 주변 상황을 떠올려보자.

- 대화 장소 - 방, 그곳의 내부 배치 등
- 날짜와 시각
- 함께 대화를 나눌 사람 혹은 다수의 상대
- 대화 바로 전에 하고 있을 행동
- 나와 대화 상대가 앉은 자세 혹은 서 있는 위치

한마디로, 앞으로 일어날 일을 미리 머릿속에 그리고 가능한 한 상세한 부분까지 상상하라. 여기에 색깔과 소리를 추가하면 그 장면은 더욱더 풍성해진다.

이 방법으로 훌륭하게 이미지(제2장에서 언급한 내적 표상을 뜻한다)를 형성했다면, 앞에서 그려낸 긍정적인 결과를 염두에 둔 채 그 장면을 반복적으로 상상하라.

- 내가 마치 그 자리에 실제로 있는 것처럼 상상 속에 자기 모습을 그려 넣는다.
- 현실감이 느껴지도록 모든 세부 사항을 추가한다.
- 내가 의도하는 방식대로 대화를 진행한다.

- 원하는 결과가 점점 가까워질 때 드는 좋은 느낌에 주목한다.
- 성공적인 결과를 얻어 그 자리를 떠나는 장면까지 한 번에 이어서 상상한다.

이 과정을 모두 마치면, 모하마드 알리처럼 '온몸'에 상상한 내용을 심어 넣을 때까지 3~4차례 혹은 원하는 만큼 반복 연습하라.

그건 저 아래에 있어!(팬터마임을 즐기는 사람을 위한 전략!)

이 전략은 당신이 까다롭게 여기는 구체적인 상황 혹은 사람에 대한 인상을 바꾸고 싶을 때 특히 유용하다.

먼저 하나의 상황을 머릿속에 그려보자. 당신은 극장 좌석에, 그 사람은 무대에 있다고 상상하라. 그다음에는 좌석을 저 높이 하늘 위로 올려 무대가 먼 아래쪽에 놓이게 하라. 그럼 까다롭게 구는 그 사람이 아주 조그맣게 보일 것이다. 자, 이제 무대를 내려다보니 그가 갑자기 우스꽝스럽게 춤을 추기 시작한다. 무슨 일로 그러는지 정확히 알기 전까지, 그 사람은 당신이 즐겨 보는 만화책의 등장인물과 다를 바가 없다!

이렇게 상상한 후에 당신을 곤란하게 하는 상황과 사람에 대한 인상이 어떻게 바뀌었는지 생각해보라.

화면 조정

어떤 인물에 대한 내적 표상이 형성될 때는, 앞서 제4장에서 이야기한 바와 같이 세 가지 요소가 관여한다.

- 시각
- 청각
- 근감각

이 정보를 활용하면 머릿속에 떠오르는 그림 자체의 특성을 변경하여 다른 내적 표상을 창출할 수 있다. 어떻게 보면 텔레비전 화면을 이리저리 바꾸며 노는 것과 같다고 할까?

그 예로서, 다음과 같은 요소를 바꾸면 대상의 이미지(시각)를 변화시킬 수 있다.

- 위치 - 나에 대한 해당 이미지 혹은 영상의 위치. 내게서 멀리 떨어져 있는가 가까이 있는가, 또는 내 왼쪽에 있는가 오른쪽에 있는가?
- 시점 - 내가 그 장면의 주인공 시점에 있는가, 아니면 외부에서 나 자신을 보는 중인가?
- 밝기
- 색상 - 영상이 총천연색인가 흑백인가? 그 색이 밝은가 어두운가?
- 이미지 크기

• 움직임

소리(청각)는 다음 요소의 변화를 통해 바꿀 수 있다.

• 위치

• 음량

• 속도

• 음고(音高)

• 리듬

그리고 다음 요소를 바꾸면 각종 느낌(근감각)을 변화시킬 수 있다.

• 위치 - 어떤 느낌이 복부에서 오는가, 아니면 가슴에서 오는가?

• 형태 - 일정한 크기나 형태가 있는가?

• 크기

• 온도

• 움직임 - 그 느낌이 이곳저곳으로 옮겨 다니는가 아니면 한 곳에

　서만 느껴지는가?

다음 체크리스트에는 우리가 바꿀 수 있는 이미지, 소리, 각종 느낌의 특성이 기재되어 있다. 다음번 연습에서는 이를 활용하여 어떤 결과가 나오는지 지켜보라.

마음의 눈으로

당신에게 늘 까다롭게 구는 사람을 떠올리고 그에 대한 내적 표상이 어떠한지 아래 빈칸에 특성을 적어 보도록 하자.
이때 한 가지 특성을 변경하면 다른 특성이 자동으로 함께 바뀔 때가 있다. 어떤 경우가 그러한지 눈과 귀를 집중하도록 하라.

시각

시점			
위치			
밝기			
이미지의 프레임 존재 여부			
천연색 또는 흑백			
이미지의 크기			
입체 또는 평면			
색상의 강도			
색상 대비 정도			
동적 또는 정적			
이미지가 또렷함 또는 흐릿함			
바라보는 각도			
장면의 수			

청각

위치			
조성(調聲)			
음량			
속도			
음고			
리듬			
억양			
휴지(休止)			
음색			
소리의 고유성			
방향			
지속 시간			
음원 위치가 내부 또는 외부			

근감각

위치			
형태			
크기			

온도			
동적 또는 정적			
감촉			
진동			
압력			
지속 시간			
연속적 또는 단속적			
강도			
무게			
감각의 위치가 내부 또는 외부			

그림을 바꿔 보자

앞의 연습 과제에서 생각했던 사람을 다시 떠올리고 그 장면에 변화를 더해 보자.

해당 이미지가 가까운 위치에 있다면, 저 먼 곳으로 옮겨 보자. 그 장면이 총천연색으로 구성되었다면 흑백으로 바꿔 버리자. 동적인 장면이라면 가만히 멈추게 하자. 당신이 그림 속에 있다면 밖으로 뛰쳐나와 직접 자기 모습을 관찰해 보자.

영상에서 소리가 난다면 음량을 줄이거나 아예 음소거를 해보자. 귀에

거슬리는 소리가 난다면 부드럽고 편안한 소리로 바꿔 보자.

어떤 감각이나 느낌이 몸속에서 솟아난다면 그것을 밖으로 끄집어 내 보자. 이곳저곳에서 느껴지는 감각을 잠잠하게 만들어 보자.

만약 어떤 한 가지를 변경했을 때 다른 여러 가지 특성이 한꺼번에 바뀐다면, 그 특성을 가장 먼저 조정해야 한다.

어떤 상황을 대상으로 하든, 이런 변화를 줬을 때 당신에게 어떤 일이 일어나는지 주목하라. 까다롭게 굴던 그 사람이 이제는 어떻게 느껴지는가?

Tip 사람들은 자신이 두려워하는 사람, 이를테면 지위에 따른 영향력이 강한 누군가를 생각할 때 일반적으로 그 인물의 시각적 이미지를 위치상 자신보다 높은 쪽에 둔다.

이럴 때는 이미지를 아래로 끌어내리거나 먼 쪽으로 옮기기만 해도 상대에 대한 느낌이 확 달라진다. 또 그 사람이 등장하는 동적인 장면을 정적으로 바꾸고, 총천연색으로 된 이미지를 흑백으로 바꾸는 것 역시 큰 변화를 안겨 준다.

모두 이 실험을 직접 해보고 즐거움을 느꼈으면 한다. 무엇을 또 누구를 어떤 식으로 바꾸든, 그들은 결코 이전과 같지 않으리라!

3. 결과를 따져 보자

까다로운 상황이나 대화에 적극적으로 대처하는 데 더 큰 동기를 부여하고 싶다면, 몇 분간 조용히 그 결과에 대해 심사숙고해보라. 당신이 원하는 바가 이뤄졌을 때 어떤 좋은 결과가 나타날지 생각해보고 그것을 종이에 적어 보자. 이어서 원하는 바가 이뤄지지 않았을 때 나타날 부정적인 결과도 생각해보자. 이것 역시 종이에 적도록 한다. 그리고 두 목록을 비교해 보라.

이제 자기 자신에게 중요한 세 가지 질문을 던져 보자.

- 그 결과를 성취할 가치가 있는가?
- 나는 그것을 이루길 바라는가?
- 나는 진심으로 그것을 이루길 바라는가?

그 답이 '그렇다'라면, 계속 원하는 방향으로 갈 길을 가라. 당신은 분명히 해낼 것이다.

그 답이 '잘 모르겠다'이면, 다시 뒤로 돌아가 바로 앞 과정을 반복하고 어떻게 해야 위 질문에 확답할 수 있을지 자문하라.

만약 그 답이 '아니다'라면, 그 점을 그대로 받아들이고 현실을 감내하며 지내라. 대신 불만을 드러내서도 안 된다!

일상 속의 다양한 전략

기본적인 원칙을 몇 가지 살펴봤으니, 이번에는 '까다로운 상황'의 구체적인 사례, 즉 아무 경고 없이 불시에 찾아오는 문제 상황을 확인해 보자.

- 화난/공격적인 사람을 대할 때
- 소극적이고 소심하거나 말수가 적은 사람을 대할 때
- 내 생각과 주장을 고수해야 할 때
- '따분한 사람'으로부터 벗어나야 할 때

노여움 씨와 분노 양을 대할 때

이 상황에 적합한 전략은 두 가지가 있다.

송로버섯을 찾아라

곤란을 야기하는 이런 순간에는 상대의 명확한 의도를 찾는 것이 좋은 대응 전략이 된다. '모든 행동에는 명확한 의도가 존재한다.'는 말을 다시 한 번 기억하기 바란다.

누군가가 화를 낼 때는 '그 행동을 멈추게 하는' 유형의 질문이 뒤따라야 한다. 그러니까 상대가 예상하지 못한 질문, 즉 심리학 분야에서 소위 말하는 '패턴 파괴'(pattern interrupt)를 이끄는 물음을 던지는 것이다. 이러한 질문은 그야말로 예기치 않은 반응이므로 상대방은 허를 찔리게 된다.

그 결과, 화를 내는 사람의 생각과 행동은 흐름을 잃게 된다. 그 질문에 응하려면 사고의 방향을 바꿔야 하기 때문이다.

어른스럽게 굴어라

당신이 성인이라는 것은 필자들도 잘 알고 있다. 까다로운 각종 상황에 대처하려는 도전 자체가 어른스럽게 행동하고 원치 않는 결과를 낳는 행동에 더 이상 말려들지 않으려는 노력이 아닌가.

일단 많은 사람이 난감하게 여기는 상황을 생각해보자.

- 지위가 높은 사람을 대하는 일
- 타인의 공격적인 행동 앞에서 자기 생각을 고수하는 일
- 울거나 짜증내는 사람을 대하는 일
- 자신이 모든 것을 안다고 여기는 일종의 '전문가'를 대하는 일

• 불만을 표하는 일

물론 더 많은 경우가 있겠지만, 이 정도면 충분하지 않을까 싶다. 구체적인 부분에서는 차이가 날지 모르지만, 위와 같은 상황에서는 대개 다양한 행동, 반응 및 반작용이 함께 나타나고 쉽게 표가 나기 때문이다.

관련 내용을 자세히 살펴보기 전에 이 말을 다시 한 번 기억하고 넘어가자.

'모든 행동에는 명확한 의도가 존재한다.'

'곤란을 안겨 주는 행동'에 대처하는 데 이 말이 중요한 이유는, 그런 행동을 하는 사람도 자기 나름대로 타당한 결과를 얻기 위해 움직이기 때문이다.

지금 당장은 노여움 씨와 분노 양이 정확히 무엇을 바라는지 알기 어렵다. 게다가 이 책의 목적이 어떤 행동의 숨은 원인을 찾아 타인의 옛 경험을 샅샅이 조사하는 것도 아니기에, 굳이 우리가 남들 행동의 근원을 살필 필요는 없다. 두 필자는 '곤란을 안겨 주는' 이들의 특정한 행동에 당신이 잘 대응할 수 있도록 더 많은 선택지를 제시하는 데 관심이 있을 뿐이다. 따라서 지금부터 할 일은 그러한 상황에서 선택 가능한 요소를 살펴보고 성공적으로 난관을 돌파하는 전략을 확인하는 것이다.

다들 눈치챘을지 모르겠지만, 이 이야기의 주제는 '곤란을 안겨 주는' 행동이지 '곤란을 안겨 주는' 사람이 아니다. 두 필자는 이 차이를 분명히 해 두는 편이 좋다고 생각한다. 어찌 되었든 당신도 때로는 그다지 바람직하지 않은 행동을 한다! 그렇다고 늘 그런 것도 아니다. 그렇지 않은가? 또 가끔 어떤 상황에서 좋지 않은 행동을 한다고 해도, 영화 〈숙녀한테 그러면 못써(No Way To Treat A Lady)〉에서 영화배우 로드 스타이거(Rod Steiger)가 한 말처럼 "그렇다고 당신이 나쁜 사람이라는 뜻은 아니야!"

당신은 다음과 같은 말을 얼마나 자주 들어봤는가?

'그 여자는 나한테 아침 인사도 한마디 안 하더군. 참 버릇도 없지.'

'어제 보니 건축업자들한테 막 소리를 지르더라고요. 그 남자를 꿈에 볼까 겁나요.'

'그 의사가 오늘 진료 예약을 받지 않으려 하더군요. 진짜 아무짝에 쓸모없는 여자예요.'

이들은 어떤 행동을 경험하고 그것이 그 사람의 고유한 속성인 양 이야기했다. 달리 말해서, 상대에게 일종의 꼬리표를 붙인 것이다. 여기서 문제가 되는 것은 이들이 추후에 타인과의 만남과 대화 속에서 자기 생각이 타당하며 저 말 속의 누군가가 정말 '버릇없고' '꿈에 볼까 겁나고' '쓸모없는' 사람이라는 증거를 찾는다는 사실이다.

그런데 사람이 대부분 생각하는 대로 결과를 얻는다는 관점에서 보면, 버릇없고 쓸모없이 여겨지며 꿈에 볼까 겁나는 그 모습이 실제로 이들 앞에 나타날 가능성은 매우 크다!

하지만 이 말을 달리 오해하지는 않았으면 한다. 물론 이따금 아무 손을 쓸 수 없을 정도로 까다롭게 구는 사람들을 만나는 때도 있다. 하지만 그런 사람들은 정말 드물다.

아무튼, 가장 먼저 할 일은 '곤란을 안겨 주는' 행동을 맞닥뜨렸을 때 그것을 곧바로 문제 행동으로 인식하는 것이다. 그다음에는 적절한 대응을 하면 된다. 이때 핵심은 자기가 무엇을 원하는지 뚜렷하게 알고 그 방향으로 계속 나아가는 것이다.

그럼 몇 가지 행동 유형을 살펴보고 각각의 목적을 생각해보자. 크게 다음과 같은 경우를 떠올릴 수 있다.

- 누군가가 직장에서 참으로 끔찍한 하루를 보냈다고 말한다. 그때 그 사람은 어떤 반응을 원할까?(약간의 공감)
- 누가 나와 부딪치면서 소리를 질렀다. 그때 그 사람은 어떤 반응을 원할까?(사과)
- 어떤 사람이 회사가 출산 휴가 중인 사람들을 대하는 방식에 불만을 표하고 있다. 그때 그 사람은 어떤 반응을 원할까?(그 행동에 동참하기)
- 누군가가 현재의 정치 상황을 개탄하며 옛날에는 지금 같지 않았다고 이야기한다. 그때 그 사람은 어떤 반응을 원할까?(그 견해

에 대한 동의)

물론 상황에 따라 구체적인 반응은 다를 수 있지만, 다들 이 예시에 어떤 의미가 담겼는지 이해하지 않았을까 싶다.

여기서 말하려는 바는, 우리가 행동을 받는 사람의 위치에서 그때그때 반응 방식을 다르게 선택할 수 있다는 것이다. 우리는 원하는 결과를 얻고자 결정을 내릴 수도 있고, 혹은 또 다른 방향으로 결정을 내릴 수도 있다. 결국 '모든 행동에는 명확한 의도가 존재한다.'는 것은 나와 대화를 하는 사람은 물론 나 자신에게도 똑같이 적용된다.

이제 화와 관련된 행동과 반응을 몇 가지 묶어서 살펴보고 어떤 행동이 함께 나타나는지 확인해 보자. 또한 우리에게 어떤 선택지가 주어지고 그 상황을 다루는 최선의 방법이 무엇인지 찾아보자.

이 주제를 살펴볼 때도 앞에서 익힌 여러 가지 지식이 여전히 중요하다는 사실을 잊지 말길 바란다. 상대의 호기심을 유발하고 그들의 말에 귀 기울이며 라포르를 구축하는 방법을 항상 기억하라는 뜻이다. 지금까지 공부한 모든 전략은 '곤란을 안겨 주는' 이들 앞에서 엄청난 도움이 될 것이다.

화내는/공격적인 행동

이런 종류의 행동이 이끌어 내고자 하는 반응에는 거의 큰 차이가 없다. 화내거나 공격적인 행동을 하는 사람은 분노라는 덫을 놓고 거기에 걸려든 상대가 순종적인 반응을 보이길 원한다. 그러나 그 방식이 사람마다 사뭇 다른 탓에 겉으로 드러나는 행동은 크게 차이가 난다.

동작이 매우 커짐 → 매우 정적임
목소리가 커지고 말이 많아짐 → 조용히 말하고 말수가 적어짐
감정 표출이 많고 표정이 다양해짐 → 감정 표출이 매우 적음
눈을 똑바로 바라봄 → '상대방' 을 바로 보지 않고 다른 곳에 시선을 둠

이러한 행동은 사람마다 다르지만, 개개인을 살펴보면 모두 일관되고 예측 가능한 특성을 드러낸다. 아마 다들 '수백 미터 밖' 에서도 화난 모습이 바로 눈에 띄는 그런 사람을 알고 있을 것이다. 그들은 일단 화가 나면 매번 똑같은 행동 양상을 보인다.

비판적인/생색내는/거만한 행동

어떤 직업에 특정 행동을 연관 짓고 싶은 생각은 없지만 실제로 어떤 직업에 종사하는 어떤 사람들은 이따금 그런 행동을 보일 때가 있다. 예를 들면 다음과 같다.

- 자동차 수리공 증후군(안쓰러운 시선과 공허한 웃음을 보인 후 숨을 왈칵 들이킴)

- 백의의 구원자 등장(종종 목에 청진기를 멋들어지게 걸침)

- '내가 이 업계에서 45년간 일을 해봐서 아는데…….' (지금 이 시점에서 나보다 더 많이 아는 사람은 거의 없어)

- '그 법칙은 그런 식으로 작용하는 게 아니야.' (하지만 나만큼 경험을 쌓고 공부를 많이 한 사람은 다 알지)

- '자 그런데 말이죠. 이렇게 어여쁜 숙녀분한테는 좀 어렵지 않을까…….' (과도한 차별적 표현은 피하고 있지만 실제로는 겉으로 드러난 표현보다 많은 뜻이 담겨 있다)

- '저희 매장에서는 환불이 안 됩니다.' (실제로는 규정상 환불 요구를 들어줘야 하지만 해당 고객이 소비자 권리를 모른다고 간주하고 이렇게 말한다)

- '교육은 교사에게 맡겨 주세요.' (다른 사람이 자신의 교육 방식에 가타부타 말할 자격이 없다고 여긴다)

- 바로 위에 나온 표현과 '그 법칙은 그런 식으로 작용하는 게 아니야.'라는 표현은 권위자 증후군(over-riding syndrome), 이른바 '신비한 세계 증후군'의 좋은 사례다(신비한 세계에는 선택된 소수만이 들어갈 수 있다는 믿음).

두 필자는 또 다른 사례를 찾는 데 늘 관심을 기울이고 있다. 혹시 위 사례와 비슷한 일을 겪어봤다면 즉시 알려주기 바란다!

눈물/짜증/흐느낌/반발

그렇다. 어른도 짜증을 낼 줄 안다. 다들 어디선가 이런 말을 들어 봤을 것이다. '솔직히 말해서, 그 인간 하는 짓은 다섯 살짜리 어린애랑 다를 바가 없어.' 하지만 실제로 사람이 하는 일은 거의 다 그런 식이다. 즉, 어린 시절에 원하는 것을 얻고자 할 때의 행동을 똑같이 한다는 것이다. 여기서 재미있는 점은 그런 행동이 성공하는 한 다들 계속해서 같은 방식을 고수한다는 사실이다.

그런데 그 방식이 매우 다양하고 여기에 붙이는 전문 용어도 다르지만, 행동 자체는 남녀 할 것 없이 뚜렷하게 드러나는 편이다. 예를 들면 다음과 같다.

- 시무룩하게 입을 삐죽거림
- 과장된 움직임
- '어떻게 나한테 이럴 수가 있어?'
- '어디 나 없이도 잘되나 보자.'
- '모두 날 싫어하나 봐.'
- 눈물을 뚝뚝 흘림
- '복수하고 말 거야. 내 걱정은 됐어.'
- '또 나더러 야근을 하라네. 그래, 지들이야 마음 편하겠지.'

아래의 표현은 바로 앞의 것과 또 다른 느낌을 준다.

- '또 나더러 야근을 하라네. 일이니까 꼭 해야 하는 건 알겠지만,

집사람/남편/동료/자식들은 나한테 뭐라고 하겠냐고! 이번 주만 해도 벌써 네 번째잖아. 지난번에 남아서 일한 것도 진짜 짜증스러웠는데 말이야.'

위와 같은 표현이나 행동을 기록한 자료를 당신이 직접 만들어 봐도 좋다.

그렇다면 이런 행동 앞에서 우리는 과연 어떤 선택을 해야 할까?

A : 상대가 의도한 반응을 보인다.

B : 상대와 유사한 행동을 한다.

C : 상대의 예상을 거스르는 행동을 한다.

이어지는 몇 가지 사례를 읽으면서 각 대화에서 어떤 몸짓과 어조가 수반되는지 생각해보는 것도 좋다. 원래 행동에는 여러 가지 가장된 모습이 함께하기 마련이다.

화내는/공격적인 행동

대화 상대 : "당신이 늘 주차할 때 내 자리를 침범해서 이젠 아주 신물이 날 지경이오."

A. 나 : "정말 죄송합니다. 다시는 그러지 않도록 주의하겠습니다."(부드럽고 순종적인 목소리로 말한다)

B. 나 : "이 자리가 당신 소유는 아니잖아요. 정확히 말하자면 이 시의 소유죠."(말투와 행동을 상대와 일치시킨다)

C. 나 : "여기는 공유지이고 제겐 이 자리에 주차할 권리가 있습니다. 하지만 그렇게 느끼신다니 저도 신경이 쓰이는군요. 그렇다면 우리 둘 다 만족할 수 있게 해결책을 찾았으면 합니다."(몸짓을 최대한 줄이고 담담한 어조로 상대의 눈을 바라보고 말한다)

비판적인/생색내는/거만한 행동

대화 상대 : "이 일(여기서 '일'에는 환자 간호/자녀의 학교생활/자동차 수리 문제 등 개인적으로 관심 가는 것을 대입하면 된다)은 저희한테 맡겨 두시는 게 가장 좋을 것 같아요. 이 분야에서의 경험은 충분하니까요."

A. 나 : "저도 잘 알고 있습니다. 딱히 방해하려던 건 아니었어요. 그냥 저 나름대로 잘해 보려고 그랬던 거죠." 나머지 대화가 어떻게 전개될지는 대충 상상이 갈 것이다.

B. 나 : "글쎄요, 그 일을 하시는 사람들은 거의 다 그런 식으로 말하던데요. 왜 당신들이 모든 걸 다 안다고 생각하는지 이해가 안 가는군요."

C. 나 : "무슨 말씀인지 이해합니다. 하지만 저는 가까이서 그 '일'에 관심을 기울이는 것도 제 책임이라고 생각하기에, 계속

상황이 어떠한지 알려주시고 제 질문에 계속 답을 해주셨으면
합니다.”

여기에 제시된 표현이 당신과 잘 맞지 않을 수도 있지만, 큰 문제
는 아니라고 생각한다. 자신에게 잘 어울리는 어조와 표현을 찾는 것
은 당신이 직접 할 일이기 때문이다.

이제 각 반응이 어떤 결과를 이끄는지, 또 이를 효과적으로 활용하
려면 어떻게 해야 할지 살펴보자.

- 반응 A는 상대가 놓은 덫에 순순히 걸려들어 그 사람이 의도하는
  대로 행동하는 것이다. 물론 그래도 괜찮다면 아무 문제가 없다.
- 반응 B는 대체로 두 사람의 대립을 이끈다. 오히려 이런 상황을
  즐기는 사람도 있는데, 이때는 이 대립을 통해 원하는 결과를 얻
  을 수 있는지가 관건이다.

이런 상황에서 반드시 기억해야 할 것은 바로 자신이 어떤 결과를
원하는지 제대로 알아야 성공을 거둔다는 사실이다.

- 반응 C는 앞의 두 반응과 확연히 다른 모습을 보이며 당사자의
  ‘상태’ 역시 큰 차이를 드러낸다. 또 상대로부터 다른 반응을 이
  끌어 낼 가능성이 크다.

두 필자는 반응 C에 성인적 상태(Adult State)라는 이름을 붙였다.

이것이 다른 상태, 즉 어떤 행동이나 태도로 구분되는 상태와 차이를 보이는 큰 이유는 바로 '감정이 담기지 않았기 때문'이다. 이와 반대로 반응 A와 B에는 감정이 실려 있다.

성인적 상태에 강력한 힘을 부여하는 것은 바로 이 '무감정'한 속성이다. 상대가 '무감정'하게 대응하는데 지속적으로 강렬한 감정을 분출하기란 매우 어려운 일이다.

이번 장 초반부에 소개한 빌의 이야기를 기억하는가? 그때 빌은 계속해서 분노를 표출할 수 없었고, 결국 어느 시점에 이르러서는 화를 누그러뜨려야 했다.

'생색내는' 행동처럼 상대가 뚜렷한 감정을 드러내지 않을 때도 성인적 상태의 반응은 큰 효과를 발휘한다. 어째서일까? 왜냐하면 그 상태에서는 상대가 놓은 '덫'에 쉽사리 걸려들지 않기 때문이다. 성인적 상태에서는 그만의 고유한 힘, 즉 자제심이 뒤따른다. 그렇게 위압감에 복종하거나 뒷걸음치기를 거부하면, 상대는 더 이상 아무런 정보를 얻지 못한다. 비유하자면 아예 숨을 못 쉬도록 산소 공급을 막는 것과 마찬가지다. 그야말로 멋진 대응책이 아닌가!

따라서 문제가 되는 여러 상황에 현명하게 대처하려면 성인적 상태에 이르는 방법, 그리고 그 상태를 유지하는 요령을 익힐 필요가 있다. 우선, 이 성인적 상태의 특성이 자신감이 충만한 상태와 매우 유사하다는 사실에 주목하길 바란다.

• 자세 : 바른 자세로 섬, 고개를 곧게 세움, 체중을 고르게 분산시

킴, 어깨에 힘을 뺌

- 표정 : 눈을 똑바로 바라봄, 얼굴 근육이 이완된 상태
- 몸짓 : 균형 잡힌 손짓, 부드러운 움직임, 편안한 손 모양
- 목소리 : 담담한 어조, 중저음, 대화 중 휴지(休止), 일정한 속도
- 호흡 : 규칙적임, 깊음

256쪽의 연습 과제는 '곤란을 안겨 주는' 모든 행동에 대처하는 데 큰 도움이 될 것이다.

소심하거나 말수가 적은 사람을 대할 때

왜 세상에는 소극적으로 행동하는 사람이 존재할까? 그것이 과연 개인의 선택에 의한 결과일까? 답은 '그렇다' 이다. 그리고 지금까지 살펴봤듯이, 그와 같은 선택의 바탕에는 명확한 의도가 존재한다. 즉, 소심하고 말수가 적은 사람들도 자기 나름대로 타당한 결과를 얻고자 소극적인 행동을 하는 것이다. 따라서 이번에는 그 점에 주목하며 그들의 대화 방식을 살펴보도록 하자.

당신은 소심하고 소극적인 성격을 지닌 사람을 어떻게 알아채는가? 이 질문에 '그런 건 뻔히 보이잖아.'라고 생각하는 사람이 있을 텐데, 사실 그 말도 틀리진 않았다. 하지만 그러한 성격 역시 사람마다 다르게 나타나므로, 여기서는 그 차이를 잘 파악하는 것이 핵심이라 할 수 있다.

이 책의 앞부분에서 우리는 자신감의 실체를 '파헤쳐' 봤다. 그러니 이번에도 그 방법을 활용해 보자. 소심한 이들은 종종 다음과 같은 특징을 보인다.

• 자세, 몸짓, 눈 맞춤 :

– 눈을 직접 마주치지 않음

– 자신감 없는 자세

– 고개와 시선을 돌림

• 목소리 :

– 조용한 소리

– 호흡이 얕은 편

• 말 :

– 말을 주저함

– 질문이 거의 없음

이런 사람들과 성공적으로 대화를 나누려면 개개인의 의사소통 방식을 파악하고, 일치시키기와 보조 맞추기 기술을 이용해 접근해야 한다. 그러려면 다음과 같은 요령의 실행이 필요하다.

• 똑바로 눈을 맞추는 행동을 삼가고 가급적 짧게 눈을 바라본다.

- 목소리를 낮추고 조금 느리게 말한다.
- 대화 중에 말하기를 중단하는 횟수를 늘린다.
- 바로 마주 보기보다 다소 비스듬한 위치에 서거나 앉는다.
- 평소보다 더 자주 먼 곳을 바라본다.
- 상대방에 대한 관심을 드러내기 위해 질문을 던진다.
- 공통으로 아는 다른 누군가에 대해 묻고 이야기한다.
- 상대의 말을 잘 받아들이고 흥미를 표시한다.
- 지속적인 대화가 이어지도록 '아', '그렇군요'처럼 동감의 표현을 던지며 적극적인 듣기 기술을 활용한다.
- 상대와 함께 있는 것이 즐겁다는 사실을 확신시킨다.
- 낯선 사람과 함께 있을 때는 자신도 다소 불편함을 느낀다는 것을 인정한다.
- 질문에 응답할 시간을 충분히 주도록 한다. 일부러 그 사이의 침묵을 깨려고 하지 마라.

이들과 함께하는 시간이 훌륭한 달변가들의 몇 가지 신념을 굳게 믿고 따를 수 있는 기회라는 사실도 기억해 두기 바란다.
- 모든 사람에게는 각자의 특색이 있다.
- 모든 사람에게는 귀 기울여 들을 만한 특별한 이야기가 있다.
- 모든 만남은 새로운 것을 배울 기회가 된다.

소심하고 부끄럼을 잘 타는 이들과의 만남에서는 어떤 이야기가 나올지 쉽게 파악하기 어렵고, 그들로부터 아무것도 얻을 것이 없다고 속단하기 쉽다. 하지만 우리는 수줍음이라는 감정이 종종 다른 옷을 입고 그 모습을 감출 때가 있음을 알아야 한다.

그레이엄의 이야기

두 필자는 몇 년 전에 그레이엄이라는 CEO와 함께 일한 적이 있다. 그는 개인 면담이나 이사회 회의에서 매우 품위 있고 유쾌한 모습을 보였다. 그러나 정작 회사 내에서 그는 거만하고 냉담한 사람으로 알려졌다.

우리는 이 점을 매우 의아하게 여기고 그가 어떤 면에서 거만한지 직원들에게 물어봤다. 그들은 그가 여러 사무실을 지나면서 누구와도 이야기를 나누지 않았고 마치 사람들과의 접촉을 피하는 것처럼 보였다고 말했다.

그레이엄에게 이 이야기를 전했더니 그는 직원들이 자신을 거만한 사람으로 여긴다는 사실에 큰 충격을 받았다. 우리는 그에게 왜 아무하고도 말을 하지 않고 그냥 사무실을 통과하는지 물어봤고, 곧바로 답이 나왔다! 그는 부끄럼을 잘 타는 성격이었던 것이다.

그레이엄은 일반 직원들을 잘 알지 못했고 어색한 상황을 맞닥뜨리면 입을 꼭 다무는 사람이었다. 그는 누군가와 직접 대면하거나 이미 잘 아는 몇몇 사람들과 대화를 나눌 때는 멋진 모습을 보였지만, 그 외의 상황에서는 이내 자신감을 잃었다.

이 일로 필자들은 사람에 대해서 그 어떤 것도 함부로 추측해서는 안 된다는 교훈을 얻었다. 어떤 상황에서 특정한 행동을 보였다고 해서 그 사람이 다른 때에도 늘 똑같은 행동을 하지는 않으므로, 속단은 절대 금물이다.

내 생각과 주장을 고수해야 할 때

자기 생각을 주장하려면 앞으로 나서야 한다. 더 설명할 필요도 없는 말이다. 하고 싶은 말이 있어서 뒤로 물러선다는 것이 있을 법한 소리이겠는가?

신체 반응과 상태를 제어하는 방법

효과적으로 자신의 주장을 고수하는 데 핵심이 되는 것은 역시 신체 반응과 심신 상태다. 따라서 다시 한 번 자신감을 부르는 자세와 행동을 떠올려 보자. 이는 성인적 상태와 매우 긴밀한 관계가 있다. 앞에서 우리는 다음과 같은 내용을 살펴봤다.

- 바르게 서라.
- 고개를 곧게 세워라.

- 대화 상대와 눈을 똑바로 맞춰라.

- 꿋꿋한 자세를 계속 유지하라.

 – 양다리를 골반 너비로 벌려서 서라(남녀 모두에게 해당한다).

 – 다리에 체중을 고르게 분산시켜라.

- 걸을 때는 확실한 목적을 두고 움직여라.

- 편안하게 깊이 숨을 들이쉬고 내쉬어라. 복식 호흡으로 숨을 깊이 들이마시고 내뱉으면 긴장이 완화되고 자신감이 넘친다는 신호가 뇌로 전송된다.

- 깊은 호흡을 활용하여 목소리를 제어하라.

- 천천히 말하고 중간에 종종 쉬어 가며 발음을 분명히 하라.

여기서는 자신에게 도움이 되는 방법을 찾는 것이 중요하다. 실제로 어떤 사람들은 한두 가지 변화만으로도 큰 차이를 느끼기도 한다.

일례로, 두 필자의 연구에 참여했던 앨런은 평소에 아주 부드럽고 조용하게 말하는 사람이었는데, 우리 조언에 따라 큰 소리로 말하는 것만으로도 그는 매우 큰 자신감을 얻었다.

그럼 이번에는 직접 보물을 찾으러 떠날 차례다. 가장 좋은 방법은 실제로 위에서 설명한 자세와 행동을 시도해 보는 것이다. 물론, 실전 상황이 올 때까지 기다리든 그전에 미리 연습을 해보든, 선택은 당신에게 달렸다.

성인적 상태

- 거울 앞에 서서 성인적 상태에서 나타나는 신체 반응을 확인하자.
- 자세 변화가 어떤 차이를 만드는지 주목하자.
- 좋아하는 무언가를 보거나 손에 넣었을 때, 또 그것을 머릿속에 그렸을 때 어떤 기분이 드는지 확인하자.
- 목소리 크기나 말하는 방식, 리듬 등을 바꿔 보자.
- 성인적 상태의 목소리와 어조로 대화를 나누는 장면을 상상하거나 직접 연습해 보자.
- 자신의 행동, 목소리, 느낌이 마음에 들 때까지 이 과정을 반복하자.
- 신체 반응을 바꿔 보고 최대한 빠르게 성인적 상태로 돌아가도록 시도해 보자.

이제 우리는 성인다운 태도를 '온몸'에 심어 넣는 방법을 익혔다. 충분한 자신감을 얻을 수 있도록 여러 차례 위 과제를 연습하면 당신은 언제 어디서든 원하는 순간에 성인적 상태로 접어들 수 있다. 그 말인즉슨 갑자기 타인의 화내는/공격적인 행동에 직면해도 곧장 어른스럽게 대처할 수 있다는 뜻이다.

상태가 행동을 이끈다는 사실을 기억하고, 심신 상태를 바꾸는 가장 쉬운 방법이 신체 반응을 바꾸는 것임을 다시 한 번 기억하기 바란다.

무대 위에 오르기 전에 배우는 무엇을 하는가? 바로 첫째도 연습,

둘째도 연습, 셋째도 연습이다. 필자들 역시 당신이 그렇게 하길 바란다. 성공을 연습하는 것이다.

이 방법에 거부감을 느끼며 이렇게 생각하는 사람이 있을지 모른다. '난 배우가 아니란 말이야.' 하지만 생각해보라. 갓난아기 시절 이후로 당신은 현재에 이르기까지 늘 다른 사람으로부터 무엇인가를 보고 배웠다. 어릴 때부터 우리 모두는 자기 주변 사람, 즉 부모, 가족, 혹은 자신이 존경하고 따르는 사람들의 행동을 본받으며 자랐다.

두 필자는 그저 당신이 배움의 과정을 계속 이어가며 성공적이고 효과적으로 대화하는 사람들을 본받길 바랄 뿐이다. 혹여 완전한 자신감을 느끼지 못하더라도, 실로 자신감이 충만한 사람처럼 행동하라. 이 방법은 큰 효과를 발휘한다. 대체 어떻게 그렇단 말인가? 글쎄, 그 답은 이러하다. 그렇게 자신감이 있는 '척' 행동하면 자기도 모르는 사이에 새로운 행동 방식을 익히고 평생 그것을 잊지 않기 때문이다.

# 단호하게 행동하라 – 어른의 규칙

　자기 생각과 주장을 고수할 때는 당당한 자세를 취하고 성인적 상태를 유지하라. 화내는/공격적인 행동을 다루는 방법을 이야기하며 언급한 내용을 다시 떠올려 보길 바란다. 자신의 주장을 내세울 때 가장 적절한 상태는 바로 성인적 상태다. 이때 우리는 감정을 배제한 채 상황을 바라보며 어떤 자극이 다가오든지 사실에 근거하여 논리적이고 직접적으로 대응한다. 이것이 바로 단호함과 공격성의 큰 차이다. 공격적인 말과 행동에는 감정이 실리지만 단호한 말과 행동에는 감정이 들어설 자리가 없다.

　물론 까다로운 상황에 직면하면 감정이 격해질 수도 있지만, 그것을 행동으로 드러내지 않아야 한다. 결국 철저한 마음의 준비를 해야 한다는 뜻이다. 정말 예기치 못하게 문제 상황이 닥칠 경우를 차치하더라도, 우리는 항상 감정과 행동 제어를 위해 모든 노력을 기울여야 한다.

단호하게 행동하라 – 튼튼한 토대를 마련하자

자기주장을 당당히 밝혀야 할 상황을 앞두고 확실히 준비를 갖추고자 할 때를 가정해 보자. 아메리카 원주민의 속담에는 이런 말이 있다. "다른 사람의 신발을 신고 한참을 걸어 보기 전까지는 그 사람을 함부로 판단하지 마라" 사람은 자기 생각을 고수해야 할 때나 타인의 공격을 받을 때, 혹은 자신의 처지를 변호해야 할 때, 대부분 자신의 관점에서 문제를 바라본다. 우리가 살면서 다음과 같은 말을 얼마나 자주 들었던가?

'내가 그놈들 정신머리를 바로 잡아야겠어.'

'다 그 사람들 잘못이에요.'

'그 사람들은 내 방식을 전혀 존중하질 않아.'

'진짜 중요한 게 뭔지 그 친구들한테 제대로 가르쳐줘야겠어.'

'저 사람들은 다른 사람 생각을 받아들이질 않아요. 절대로 그러질

않는다고요.'

물론 자기 생각을 남에게 이해시키는 것은 중요하다. 그러나 주고받는 말 속에 균형 감각이 존재해야만이 생산적인 대화라고 할 수 있다. 위의 예문에서 불평을 내뱉은 이들은 한쪽으로 치우친 생각을 하고 있다. 한마디로 균형이 맞지 않는 것이다.

사실 다른 사람의 관점에서 어떤 상황을 바라본다는 것이 상당히 어려운 일이기도 하지만, 솔직히 말하면 그냥 그러고 싶지 않을 때도 있다. 어떨 때는 필자들조차 이렇게 생각한다. '대체 내가 왜 저 사람 처지를 생각해야 해? 어차피 저 사람은 내 처지에서 생각하지 않을 텐데.'

하지만 그런 생각이 들 때는 꼭 이 말을 떠올려 보길 바란다.

'어떤 관계에서든 유연하게 행동하는 사람이 변화를 촉진한다.'

이제 대화를 준비하는 데 필요한 첫 번째 전략을 확인해 보자.

세 가지 관점

앞으로 일어날 어떤 대화에서 당신의 주장을 고수해야 한다고 생각해보라. 만약 그럴 일이 없을 것 같다면, 과거에 경험했던 일을 떠올려 보라.

이제 우리는 세 가지 관점에서 이 상황을 살펴볼 것이다. 일단 구체적인 적용 사례를 이야기하기 전에, 각 관점에 대한 설명을 보고 넘어가자.

첫 번째 관점

이 관점에서는 해당 상황을 당신의 측면에서 보고 듣고 느끼도록 한다. 당신이 바라는 것, 원하는 결과, 중요하게 여기는 것을 떠올리면 된다. 대화 상황을 표현할 때는 본인의 관점으로 모든 것을 바라본다는 견지에서 '나'라는 표현을 쓰도록 한다.

'나는 …을(를) 원한다.'
'나는 …을(를) 느낀다.'
'나는 …을(를) 생각한다.'
'나는 …을(를) 본다.'
'내가 …와(과) 관련된 경우에는……'

자기주장을 당당히 밝히는 데는 이 관점이 매우 유용하다. 자신이 진정으로 무엇을 원하는지 파악하고 바라는 결과가 이뤄진 모습을 상상하며 연습하는 데 이 관점을 적용할 수 있다. 그리고 단호한 행동 방식을 익히는 데도 크게 도움이 된다.

반면에 첫 번째 관점을 지나치게 강조하면 타인을 경시하는 태도가 생길 수 있다. 아마 다들 모든 일을 자기 관점에서만 바라보아 다른 이들의 생각을 잘 이해하지 못하는 사람을 만나 본 적이 있을 것이다. 그런 사람은 종종 남들의 말을 완전히 무시하고 그들의 감정이 어떠한지 거의 신경 쓰지 않는다.

두 번째 관점

이 관점에서는 해당 상황을 다른 사람의 입장에서 보고 듣고 느끼도록 한다. 이때는 상대방의 처지를 경험하는 것이 목표이다. 그리고 두 번째 관점에서 상황을 묘사할 때는 다른 사람이 되었다고 가정한 상태로 '나'라는 표현을 쓴다.

일단 여기서는 '모든 행동에는 명확한 의도가 존재한다.'는 말을 다시 떠올릴 필요가 있다. 이 관점을 받아들이고 거기에 익숙해지면, 다른 사람의 관점을 이해하고 그들의 행동을 이끈 명확한 의도를 파악하는 데 크게 도움이 된다. 그렇게 특정 상황에서 타인이 느끼고 생각하는 바를 더욱 잘 알게 되면 그들과 효과적으로 소통하기 위한 여러 접근법도 함께 익힐 수 있다.

여기에도 단점이 있을까? 이때 발생하는 문제는 자신과 타인의 처지를 지나치게 동일시한다는 점이다. 아마 다들 자신의 욕구나 바람은 제쳐놓고 항상 남을 우선시하는 사람을 만나 봤을 것이다. 이런 사람은 늘 자기 생각을 굽히고 결코 남에게 단호한 태도로 맞서지 않는다.

이런 태도가 가장 문제가 되는 것은 자기 생활이 다른 사람의 생각과 감정에 좌지우지될 정도로 휩쓸리는 경우이다. 그야말로 '자신의 삶'이 사라진 셈이다.

세 번째 관점

이 관점에서는 객관적인 관찰자가 되어 해당 상황을 바라본다. 제 3자의 눈으로 양쪽의 행동과 말을 보고 듣는 것이다. 이때는 문제 상황과 자신을 분리하여 생각하므로, 성인적 상태에 접어들게 되고 웬만하면 감정 변화를 겪지 않는다. 결과적으로 해당 상황에서 일어나는 일련의 행동을 더욱 마음 편하게 효과적으로 검토할 수 있다는 뜻이다.

세 번째 관점에 지나치게 빠져들 때 발생하는 문제는 감정의 결핍이다. 대부분의 상황을 이 관점에서 바라보는 이들은 남에게 무관심하거나 적극성이 떨어진다는 인상을 주기 쉽다. 또한 타인의 감정 반응에 둔감하고 무신경한 사람으로 여겨질 수 있다.

이어지는 연습 과제를 수행할 때는 각 관점을 나타내는 물리적 위치 세 군데를 정해 놓고 시작하라. 만약 연습 과제를 앉아서 할 생각이라면, 첫 번째 · 두 번째 · 세 번째 관점을 나타내는 의자 3개를 모두 다른 위치에 두도록 하라. 그러면 각 의자에 앉을 때마다 다른 각도에서 상황을 경험할 수 있다.

연습 과제를 그냥 서서 할 생각이라면 각 관점을 나타내는 위치 세 곳을 정해 두고 그때그때 자리를 옮기면 된다.

세 의자 - 세 가지 관점의 활용법

이 연습에서 최상의 결과를 얻고 싶다면, 아무 방해도 받지 않는 시간과 장소를 택하도록 하라.
실제 앞으로 일어나리라 예상되는 대화 상황을 떠올리도록 한다.

첫 번째 관점
우선 그 대화에서 무엇을 얻길 바라는지 충분히 생각한다. 분명한 목표를 설정하고 그것이 달성됐을 때 나타나는 긍정적인 결과를 떠올린다 (필요하다면 제1장을 다시 읽어보길 바란다).
그다음에는 직접 상대방과 대화하는 모습을 떠올리며 그 순간에 어떤 기분이 들지 느껴라. 물론 당신이 바라는 결과를 늘 머릿속에 그려야 한다.
대화 상황에 대해 긍정적이고 균형 잡힌 내적 표상을 창출하는 데 필요한 것이 있다면 적절히 변화를 주도록 한다. 바람직한 상태를 이끄는 몇 가지 특성을 떠올리며 머릿속에 그림을 그려보라.

- 대화 상대와 자신을 같은 수준으로 보아야 한다. 만약 상대를 나보다 더 큰 모습으로 그리거나 그 목소리가 더 크다고 상상하면, 단호한 태도를 보이는 것이 더 어려워진다.
- 같은 높이에서 상대와 직접 눈을 맞춘다.
- 상대와 같은 크기의 목소리로 말한다.

• 차분하고 긍정적인 기분을 느끼도록 한다.

당신이 바라는 방식대로 대화를 진행하라. 그리고 그 대화를 통해 원하는 결과를 얻는다고 상상하라.

두 번째 관점

앞서 이야기한 바와 같이 관점을 바꿔 보자. 상대방의 눈으로 대화 상황을 바라보려면 철저히 그 사람의 입장에서 생각해야 한다.

그 사람이 어떻게 행동하고, 또 자세는 어떠한지, 무엇을 어떻게 말하는지 생각해보라. 그리고 그 행동과 자세를 일치시켜라.

이 관점에서 상황을 바라보며 무엇을 알게 됐는가? 어떤 식견을 얻었는가? 또 어떤 감정을 느꼈는가?

그다음에는 첫 번째 관점에서와 마찬가지로, 긍정적이고 균형 잡힌 내적 표상을 창출하기 위한 상상 과정을 거치기 바란다.

세 번째 관점

이제 한발 물러서서 세 번째 관점에서 대화 상황을 지켜보도록 하자. 그 장면에서 어떤 일이 벌어지는지, 또 어떤 불균형이 나타나는지 살펴보고, 균형을 이루도록 상황을 조정하라.

• 두 사람('나'와 상대방)이 같은 높이에서 동일한 자세로 물리적인 균형을 이뤘는가?

• 소리, 즉 목소리 크기와 음조 등에서 균형이 잡혔는가?

이 관점에서 상황을 관찰할 때는 혹여 어떤 감정이 느껴지지는 않는지 촉각을 기울여야 한다. 만약 실제로 무엇인가가 느껴지면 그것이 두 사람 중 어느 쪽에 속했는지 파악하고, 원래 주인에게 그 감정을 돌려주도록 한다. 이때는 자신을 지우고 감정 자체를 객관적으로 봐야 한다.

마지막 단계

다시 첫 번째 관점으로 돌아가서 대화 상황이 어떻게 느껴지는지 생각
해보라.

- 새로운 정보를 발견했음을 알게 되었다.
- 다른 사람의 관점을 더욱 잘 이해하게 되었다.
- 내가 무엇을 달성하려 하는지 명확하게 알게 되었다.
- 이 접근 방법을 통해서 나에게 더 많은 선택지가 있음을 알게 되었다.

조정할 사항이 더 있다고 생각한다면 위 과정을 반복하도록 하라. 새로
운 기술을 익히고 더 많은 연습을 할수록, 이 과제의 수행이 더 수월해
진다.

실전 전략

앞에서 우리는 성공을 향한 열쇠가 준비라고 강조한 바 있다. 이어서 소개할 전략은 단호한 의사 표현을 위한 4단계 공식의 활용법으로, 방법 자체는 매우 단순하지만 효과는 강력하다. 그 명칭은 DESC 체계(DESC Framework)라고 한다. 우선 각 단계를 설명하고 DESC의 사례를 몇 가지 이야기할까 한다.

묘사(Describe) : 신경을 쓰이게 하는 문제나 상황을 묘사한다.

설명(Explain) : 그 문제가 자신에게 미치는 영향을 설명한다.

구체화(Specify) : 자신이 원하는바 혹은 바뀌길 바라는 부분을 구체적으로 이야기한다.

결과(Consequences) : 원하는 목표가 달성됐을 때 나타나는 긍정적인 결과를 간략히 설명하고, 필요하다면 그렇지 못했을 때 나타날 부정적인 결과도 설명한다.

사례 1 : 사교 문제

D : '존의 생일 파티 장소를 나랑 같이 꾸미기로 했잖아. 그런데 넌 아무 말도 없이 혼자 먼저 가서 네 멋대로 일을 다 처리했어.'

E : '네 행동으로 화가 나고 내가 무시당한 것 같아서 기분이 나쁘다는 걸 너도 알았으면 해.'

S : '이미 엎질러진 물이니 이걸 어떻게 할 수는 없지만, 내년에는 가능하면 처음부터 나랑 같이 계획을 짰으면 좋겠어.'

C : '그렇게 한다면 생일 요리는 내가 기꺼이 직접 맡아 하겠어. 만약 그럴 생각이 없다면 앞으로 그 모든 부담을 네가 직접 지겠다는 말로 생각하겠어.'

사례 2 : 직장 문제

D : '지난 2주간 저한테 6번이나 야근을 지시하셨어요.'

E : '물론 가끔은 퇴근 시간 후에 남아서 일하는 것도 나쁘지 않지만, 너무 자주 이러니 제 가정생활이나 아이들한테 그 영향이 그대로 미칩니다.'

S : '앞으로도 야근은 하겠습니다만, 그 횟수를 일주일에 1회 정도로 제한해 주셨으면 좋겠네요.'

C : '그 이상 남아서 일하길 원하신다면 딸린 가족이 없는 다른 사람에게 부탁하시는 편이 나을 거예요.'

D : ‘조향 장치가 고장 나서 2주 전에 세 번이나 차 수리를 맡겼어
요. 그런데 지금 상태를 보니 아무래도 그 문제가 전혀 해결되
지 않은 것 같네요.’

E : ‘이것 때문에 저와 제 가족의 생명이 위험에 빠질까 무척 걱정
돼요. 결과적으로 누굴 태우고는 차를 몰기가 상당히 꺼려지는
상황이라 가족과 함께 어딜 갈 수가 없습니다.’

S : ‘여기 오셔서 제 차를 다시 가져가고 이 문제를 해결해 주셨으
면 좋겠네요. 그러면 저한테 이동 수단이 없어지니 차량 한 대
를 무료로 대여해 주시길 바랍니다. 이 문제로 수리비용을 다시
청구하시지는 않았으면 합니다.’

C : ‘이렇게 해주시면 다음번에 차를 수리할 때도 찾아뵙도록 하
죠. 그러지 못하시겠다면, 당장 제조업체에 연락해서 귀사의 서
비스 수준에 대해 말씀드리겠습니다.’

다시 한 번 말하지만, 위 예문에서 사용된 표현은 당신이 실제로
쓰는 말과 다를 수 있음을 이해하기 바란다. 말투 자체는 이 공식을
활용할 때 각자의 방식에 맞게 바꾸도록 하라.

이 전략은 대화 중에 감정을 배제하고 성인적 상태를 유지하는 데
도움이 된다.

 당신의 반응을 공식에 맞춰 직접 적어보고 연습해 보자.

Tip

## Chapter 7

입을 다물어야 하는 순간!

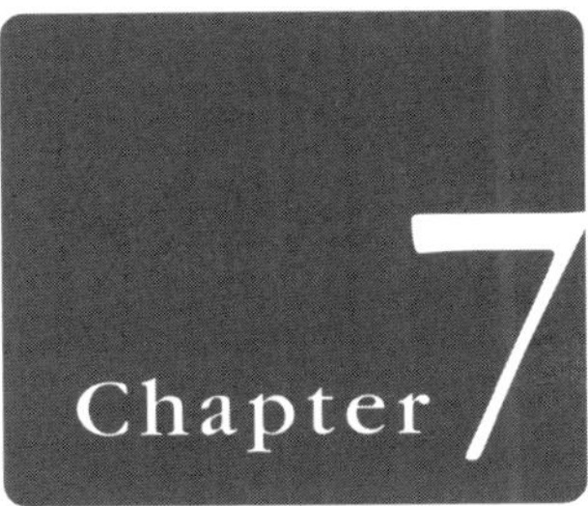

지금까지 우리는 대화를 잘하는 방법, 즉 말을 이어나가고 남에게 주목받거나 좋은 인간관계를 형성하는 방법, 그리고 까다로운 상황에 효과적으로 대처하며 원하는 결과를 이끌어 내는 방법 등을 살펴봤다.

그렇기에 이번 장에서 언제 어떻게 말을 그만둬야 하는지를 소개하는 것이 다소 이상하게 느껴질 수도 있다. 하지만 적절한 시기에 말을 멈출 줄 아는 것은 다른 기술과 마찬가지로 매우 중요하다.

- 누군가와 이야기를 나눌 때 상대방이 말을 그만두길 바란 적이 있는가?
- 누가 다소 도를 넘은(혹은 너무 지나친) 이야기를 하여 진저리를 친 적이 있는가?
- 이와 반대로, 자신이 지나친 말과 행동을 했음을 깨닫고 부끄러워 몸을 숨기고 싶었던 적이 있는가?

이와 같은 경험을 한 번이라도 해봤고 또 다시는 그런 일을 겪고 싶지 않다고 느꼈다면, 당신은 해법을 제대로 찾아온 것이다.

왜 그럴까?

왜 사람들은 꼭 입을 다물어야 할 때도 계속해서 뭔가를 말하는 것일까? 거기에는 몇 가지 이유가 있다.

- 자신이 다른 사람들에게 어떤 영향을 미치고 있는지를 잘 느끼지 못해서
- 초조함과 긴장으로 수다를 멈추지 못해서
- 같은 말을 되풀이하는 습관 때문에
- 말없이 조용한 순간을 견디지 못하고 침묵을 깨야 한다고 느껴서
- 왠지 모르게 남을 도와야 한다는 생각이 들어서

이제 그 내용을 하나하나 살펴보도록 하자.

자신이 다른 사람들에게 미치는 영향이 어떠한지 잘 알지 못해서

실제로 자신이 남에게 어떤 영향을 미치는지 잘 모르는 사람에게는 그 상황을 알아채는 것 자체가 어렵기 때문에 이 문제의 해결은 쉽지 않은 편이다. 만약 당신이 이런 부류에 속한다면, 대체로 자기가 그런 사람인지도 모를 가능성이 크다.

실제로 어떨지는 모르겠지만, 혹시 당신이 여기에 속할 수도 있다는 가정 아래, 문제 상황을 자각하는 데 도움이 되는 기술을 몇 가지 소개할까 한다.

자신이 일으키는 파급 효과를 눈치 채지 못하고 말을 계속하는 사람은 대부분 첫 번째 관점(필요하다면 제6장을 다시 확인하기 바란다)에서 만사를 바라보며, 타인을 염두에 두지 않고 자기 경험에만 초점을 맞춘다.

이런 상황에서 가장 먼저 할 일은 주변 사람들이 어떤 반응을 보이는지 파악하고, 그 요령을 꾸준히 몸에 익히는 것이다. 책을 내려 두고 잠시 생각해보라.

- 사람들이 내 말에 귀를 기울이는지는 어떻게 알 수 있는가?
- 사람들이 누군가의 이야기에 집중할 때 그 모습은 어떠한가?
- 내게 흥미를 보이는 사람들로부터 어떤 반응을 얻고 싶은가?
- 나는 다른 사람에게 관심을 표할 때 어떤 말과 행동을 하는가?

그 단서는 자신에게 되돌아오는 말, 목소리 및 비언어적 반응 속에 있다. 따라서 이제부터 말을 할 때는 앞사람의 반응에 주의를 기울이자.

- 사람들이 지속적으로 나와 눈을 맞추는가?
- 그들이 내 말에 반응을 보일 때 나를 보는가 아니면 다른 곳에 눈길을 돌리는가?
- 상대방이 내 말을 유심히 듣고 질문을 던지는가?
- 잠시 대화를 멈추고 어떤 상황이 벌어지는지 지켜보자. 사람들이 화제를 바꿔 대화하는가, 아니면 내가 언급한 주제를 계속 이어가는가?
- 말을 멈추고 쉴 때 그들이 자리를 움직이는가, 아니면 편한 자세로 계속 나와 함께하는가?

이 연습은 무엇보다 자각 능력을 키우는 데 큰 보탬이 된다. 또한 첫 번째 관점을 과도하게 강조하던 처지에서 더욱 균형 잡힌 세계관을 갖추고 타인의 관점을 이해하는 처지로 전환하는 데도 도움이 된다.

초조함과 긴장으로 수다를 멈추지 못하는 경우

이미 앞에서 우리는 모임이나 행사 참석을 앞두고 불안감을 없애는 방법을 몇 번 이야기한 바 있다. 하지만 그런 방법을 써도 자신도 모르는 사이에 신경이 곤두설 때가 종종 있다. 그럼 어떻게 해야 할까?

그 해결책은 바로 호흡에 있다. 대개 신경과민 증상이 나타나면 숨이 차올라 호흡이 짧아지고 이는 말하는 데까지 영향이 미친다. 그러면 결국 자신의 언사에 온갖 신경이 쓰이기 마련이다.

그때는 천천히 숨을 쉬며 복부 아래쪽으로 호흡 위치를 옮기는 데 정신을 집중하라. 그렇게 하면 말하는 속도가 자동으로 느려진다. 그리고 이후부터는 주위 사람들에게 관심을 돌려 모임 자체에 쉽게 몰입할 수 있다. 이 방법은 관심의 초점을 자신의 내부에서 외부로 옮기는 효과를 발휘한다. 이렇게 호흡을 바꾸는 데 성공하면, 모든 과민 증상이 사라졌음을 금방 느낄 수 있을 것이다.

귀와 눈, 마음을 모두 이용해 다른 사람에게 완전히 집중하면 자신에게 초점을 맞추기가 불가능하다는 것을 기억하기 바란다. 그리고 불안한 상태는 자기 자신을 향해 시선을 돌릴 때 생겨난다는 사실 역시 잊지 마라.

같은 말을 되풀이하는 습관 때문에

했던 말을 하고 또 하는 것은 신경과민의 또 다른 증상으로, 위 사례와 마찬가지로 호흡의 조절이 큰 효과를 발휘한다. 같은 말을 반복하는 사람은 대부분 자신이 무엇을 하는지 안다. 따라서 여기서 활용할 수 있는 전략에는 두 가지가 더 추가된다.

1. 스스로 말을 멈춘다. 같은 말을 계속 반복하는 사실을 자각하는 즉시 스스로 '멈춰'라고 외치고 말하길 그만둬라!
2. 말을 멈추도록 다른 사람을 개입시킨다. 한 말을 또 하고 질문 따위를 자꾸 던질 때는 친구나 지인들에게 이렇게 도움을 요청하라. '내가 이미 한 말을 또 하는 거라면 날 좀 말려줘.' '제가 이런 말을 아까 했던가요?'

말없이 조용한 순간을 견디지 못하고 침묵을 깨야 한다고 느껴서 '침묵의 파괴자'들은 두 번째 관점을 철저히 신봉한다. 말 없는 순간을 깨뜨려야 한다는 그들의 욕구는 그런 상황에서 어색함을 느낄 때 타인의 감정까지 함께 인식(흔히 이런 기술을 독심술이라고 하는데, 정확히 맞을 때도 있지만 반대로 그렇지 못할 때도 종종 있다)하는 데서 비롯된다.

이때 필요한 것은 침묵을 편히 여기는 태도다. 그렇다고 1시간 반 동안 그 자리에서 아무 말도 없이 가만히 있어야 한다는 뜻은 아니다. 대화 중에 나타나는 짧은 침묵은 그저 우리가 숨을 쉬는 것만큼이나 자연스러운 일이라는 뜻이다.

분명히 당신은 친구들과 함께 경험한 '편안한 침묵의 시간'을 기억할 것이다. 따라서 말없이 조용한 순간이 찾아올 때는 다음과 같이 대처하라.

- 다른 사람들과 함께 있으므로 반드시 자신이 먼저 침묵을 깨뜨릴 필요는 없다고 생각하라.
- 그 대화가 그냥 자연스럽게 마무리됐을 수도 있다. 다른 화제로 넘어갈 때가 된 것이다.
- 그때까지 대화한 것을 천천히 떠올려 보자. 이 행동으로 새로운 대화를 시작하기에 적합한 시점을 알 수 있을지도 모른다.
- 대화를 재개할 때는 그 자리에 함께한 사람들을 고려하여 공통적인 화제를 선택하라.
- 잘 모르는 사람들과 함께 있을 때는 항상 침묵을 다른 집단/사람에게 이동할 기회로 여기고 이렇게 말하도록 하라.

'함께 이야기 나눌 수 있어서 정말 즐거웠습니다. 저쪽에 제가 만나 뵐 분이 있는데, 괜찮으시다면 자리를 좀 비우겠습니다.'

'참 즐거운 대화였어요. 가서 마실 것을 좀 가져와야겠네요. 제가 대신 한 잔 가져다 드릴까요?'

왠지 모르게 남을 도와야 한다는 생각이 들어서

이 경우는 '모든 행동에는 명확한 의도가 존재한다.'는 말을 증명하는 또 다른 사례다.

당신은 마음속 깊은 이야기를 꺼내려고 할 때 옆에서 누가 그것을 돕겠다고 끼어드는 바람에 방해받은 적이 있는가?

사람은 어떤 문제를 발견하면 '해법을 찾는 미사일'로 변신한다 (성차별적인 이야기를 하고 싶지는 않지만, 사실 이 말은 여자보다 남자에게 더 많이 적용된다). 특히 자기가 아끼고 사랑하는 누군가에게 도움이 된다고 생각이 들 때는 그 사람에게 도움의 손길을 내밀지 않거나 잠 재적인 해답을 제시하지 않은 채 가만히 있기가 매우 어렵다.

당신에게 이런 경향이 있다면, 해결책은 그야말로 간단하다. 그냥 어떻게 하면 도움이 될지 상대방에게 물어보라. 그러면 적어도 그 사 람이 '그냥 제 말을 잘 들어주시면 돼요.'라는 말은 할 수 있을 테니 말이다.

모든 이가 늘 조언을 바라진 않는다는 사실, 그리고 타인에게 눈과 귀, 마음으로 멋지게 감사 인사를 전할 수 있다는 사실을 참 어렵게 깨닫는다.

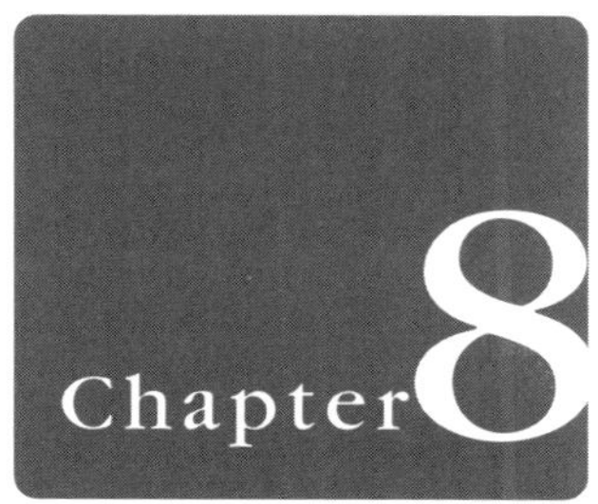

## Chapter 8

나를 빛내는 대화법

누구든 정말 빛을 발하길 원하는 때가 있다. 물론 그 한 순간에만 자신감을 반짝 발휘하길 바란다는 말이 아니라, 평소보다 훨씬 더 자신감 있는 행동으로 남들에게 정말 눈에 띄는 인상을 남기고 싶을 때가 있다는 뜻이다.

때로는 그러한 순간이 삶을 획기적으로 바꾸는 계기가 되기도 한다. 예를 들면 다음과 같은 경우가 있다.

- 취업 면접
- 이성과의 데이트
- 매우 중요한 고객과의 만남
- 사업 설명회
- 미래의 장인어른 · 장모님과의 첫 만남

이번 장에서는 이렇게 중요한 순간에 활용할 수 있는 몇 가지 전략을 살펴볼까 한다. 우리는 여러 장을 거쳐오면서 다양한 전략을 따로따로 살펴봤다. 이제는 그 내용을 한데 모아 되새겨 보며 당신의 자신감에 터보 엔진을 달 시점이다. 위에 나열한 중요한 사건들은 정황에 따라 달라지기 마련이지만, 여기서 제시하는 전략은 모든 상황에서 효과를 나타낼 것이다. 당신은 그저 상황에 따라 내용을 적절히 바꿔 적용하기만 하면 된다.

빛나는 비결 1 : 나의 힘

제2장에서는 '미래의 나'를 창조하여 자신감 가득한 상태를 이끌어 내는 방법을 살펴봤다. 진정으로 당신이 돋보이길 바라는 순간을 앞두고 있다면, 그러한 연습은 꼭 필요하다.

데이트를 하든, 고객을 만나든, 아니면 미래의 장인·장모를 만나든, 준비 과정은 다르지 않다. 그리고 그 만남을 성공적으로 준비하기 위한 계획은 아래와 같다.

- 만남 장소에 대해 최대한 많은 정보를 구하고 마음속으로 세세한 부분까지 상상하며 상대방과의 만남을 연습하라.
- 그 사람에게 어떤 인상을 주길 원하는지 정하라.
- 만날 사람이 무엇을 중요하게 여기는지 가능한 한 많이 조사하라.

- 이성 친구를 처음 소개받아 만나기에 앞서, 그 사람이 산악자전거 타기를 즐긴다는 사실을 알았다고 치자. 그때는 그 취미와 관련된 정보를 찾아보면 좋다. 해당 분야에서 사용하는 표현과 용어를 활용해 빠르게 라포르를 구축할 수 있기 때문이다(물론 운동을 싫어하는 사람이라면 그냥 그 만남을 취소할지도 모르겠지만!).

- 그 만남에서 무엇이 중요하고 또 어떤 결과를 얻고 싶은지 명확히 정하라.

- 너무 당연해서 굳이 할 필요도 없는 말 같지만, 취업 면접에 참석하거나 사업 설명회 등을 열 때는 관련 기업과 만날 사람들을 반드시 미리 조사해 보기 바란다.

> 팀은 몇 년 전 입사 면접에서 면접관을 완전히 매료시킨 적이 있다. 그 사람에 관해 미리 조사한 내용을 두세 가지 정도 이야기한 것이 아주 큰 효과를 나타낸 것이다. 그렇게 해서 결국 팀은 그 회사에서 일하게 됐다.

- 면접을 앞두고 있다면 적절한 개방형 질문을 몇 가지 준비하도록 하라.

계획 수립을 모두 마쳤다면 자신의 상황에 맞춰 49쪽에 나온 '미래의 나' 연습 과제를 해보도록 한다. 아무에게도 방해받지 않는 곳에서 충분히 시간을 들여 만족할 때까지 연습하고 연습하라.

빛나는 비결 2 : 내 몸의 힘

당신이 얼마나 강력한 존재인지, 또 사람들이 타인에 대해 얼마나 빠르게 판단을 내리는지 다시 한 번 떠올려 보기 바란다. 다음 체크리스트는 만남의 순간에 여러모로 도움이 될 것이다.

- 장소에 맞는 복장을 갖춰라.

- 몸가짐을 단정히 하라.

- 청결을 유지하라.

- 걸을 때는 목적을 두고 움직여라.

- 미소로 사람을 맞이하라.

- 사람들이 잘 들을 수 있게 적당한 말소리로 또렷하게 말하라.

- 상대의 눈을 바라보라.

- 남의 말을 들을 때는 차분한 자세를 유지하라.

- 침착하게 행동하라.

• 다른 사람의 말을 듣는 데 집중하라.

자신을 빛내고 싶을 때 특히 관심을 둬야 할 부분은 다음과 같다.

• 눈 맞춤 : 모든 비언어적 신호 중에서 상대의 자신감을 즉각 판단하고자 할 때 가장 주목하는 것은 바로 눈 맞춤이다. 이는 일대일 관계나 일대 다수 관계에 모두 적용된다. 사실 누군가의 마음을 얻는 데 눈 맞춤을 잘하는 것보다 확실한 방법은 없다. 이는 자신감을 드러내는 것은 물론, 다른 사람에게 흥미를 보이는 동시에 상대의 말을 잘 듣는다는 증거도 된다. 만약 데이트 상대에게 강한 인상을 남기고 싶다면 활발하고 적극적으로 눈을 맞춰 보라. 오로지 눈앞의 이성에게만 당신의 관심을 쏟는 것이다.

• 미소 : 미소는 마음의 문을 연다. 대화와 마음의 문을 여는 열쇠인 것이다. 진심 어린 미소의 힘을 결코 과소평가하지 마라. 만약 첫 만남에서 누군가의 마음을 열고 싶다면, 힘차게 악수를 하며 미소를 보내도록 하라.

• 자세 : 항상 '열린' 자세를 취하라. 타인을 반기는 자세로 서라는 뜻이다. 적당한 너비로 다리를 벌리고 발의 각도는 약간 바깥쪽을 향하도록 한다. 손은 편한 위치에 두고 팔짱을 끼지 않도록 한다. 물론 팔짱 끼는 것이 편할지도 모르겠지만, 그런 자세는 다른 사람들에게 '폐쇄적'인 인상을 안겨 줄 수 있다.

빛나는 비결 3 : 보조 맞추기의 힘

여기서는 일치시키기와 보조 맞추기의 위력을 다시 생각해볼까 한다. 물론 이 기법은 이미 제4장에서 자세히 살펴본 바 있다.

'사람은 자신과 닮은 사람을 좋아한다.' 이 말을 항상 기억하라. 당신이 더 가까이 다가갈수록 더 많은 사람이 가까이 다가올 것이다. 그리고 이 과정은 대부분 무의식적인 수준에서 이뤄진다.

이번에는 두 필자의 개인적인 경험을 직접 소개하겠다.

엠마와 팀의 이야기

14년 전인가, 우리 두 사람이 만났을 때는 이미 각자가 이런저런 인간관계를 만들어 놓은 상황이었기에, 함께 살겠다는 둘의 결정은 주위에 큰 혼란을 주었다. 팀은 이미 두 번이나 결혼을 하여 네 명의 자녀가 있었고, 그 점 때문에 엠마의 부모님은 두 사람의 관계를 결코 탐탁하게 여기지 않았다!

엠마는 자신의 아버지, 마이클에게 결혼 문제를 이야기했다. 그녀는 팀과 자신이 서로에게 잘 맞는 사람이고 앞으로 모든 일이 잘되리라 이야기하면서 아버지를 설득하려 했다. 물론 마이클은 딸을 매우 걱정할 수 밖에 없었다.

그는 종종 레이싱 카를 몰고 경주에 출전했다. 물론 지금도 스포츠를 사랑하는 마음은 여전히 그대로이다. 그때 마이클은 엠마에게 이렇게 말했다. '얘야, 네가 자동차 경주장의 어떤 지점에서 자꾸 코스를 이탈하고 고장이 나는 차를 샀다고 생각해봐라. 넌 그걸 잘 샀다고 생각할 수 있겠니?'

이때 엠마가 보인 반응은 보조 맞추기의 본보기로 삼을 만한 가치가 있다.

"네, 무슨 말씀인지 알겠어요. 하지만 정말 아주 실력 있는 정비사가 옆에 붙어서 다시는 고장이 나지 않도록 수리한다면 어떨까요?"

마이클은 이렇게 말했다. "아 그래, 그렇다면 아무 문제가 없겠지." 그 후로 그는 우리 관계에 더는 근심을 드러내지 않았다.

'보조 맞추기의 위력을 결코 과소평가하지 마라.'

빛나는 비결 4 : 언어의 힘

자신만만한 사람들은 자신감이 눈에 보이는 언어를 사용한다. 바로 긍정적인 표현을 쓴다는 말이다.

자신의 대화에 귀를 기울이는 것은 자기가 무의식적으로 어떤 말을 쓰는지 확인하는 데 도움이 된다. 반대로 주변 사람의 대화를 잘 듣고 그들이 어떤 식으로 말 속에 자신감을 표출하는지 알아보라.

긍정적인 표현의 예 :

'우리는 할 수 있어.' VS '이 일을 제대로 마칠 수 있을 거야.'

'이 파티는 분명히 즐거울 거야.' VS '다 잘 될 거야.'

'오늘 참 멋지시네요.' VS '그 드레스가 진짜 마음에 들어요.' (괜히 치근댄다고 한 대 맞을 수도 있으니 주의!)

'분명히 저희는 여러분이 원하는 해답을 찾을 수 있을 겁니다.' VS

'여러분이 바라는 바를 저희가 꼭 이뤄 드릴 수 있길 바랍니다.'

'난 아주 믿을 만한 사람이라고.' VS '난 늘 시간을 맞추려고 하지.'

피해야 하는 말 :

'시험하다' - 실패의 가능성을 함축하고 있다.

'하지만' - 필자가 일했던 어떤 회사에서는 이런 말이 유행했다. "'하지만' 앞에 붙은 말은 전부 다 헛소리다." 여기서 '하지만' 을 모두 '그래도' 로 바꾸는 것이 좋은 방법일 수 있다. 그렇게 해보고 어떤 일이 일어나는지 지켜보라. 예를 들어, 다음 두 문장에 어떤 차이가 있는지 한번 살펴보기 바란다.

'무슨 말인지는 알겠어. 하지만 꼭 한 번 더 검토해 볼 필요가 있어.'

'무슨 말인지는 알겠어. 그래도 한 번 더 검토해 보면 더 많은 선택지가 나올 것 같다는 생각이 들어.'

빛나는 비결 5 : '우리'의 힘

누군가와 빠르게 관계를 쌓고 싶을 때 가장 큰 힘을 발휘하는 단어는 바로 '우리'다.

다들 기억하겠지만, 제3장에서는 빙산을 예로 들어 수면 아래로 향하는 방법을 이야기했다. 거기서 수면 위쪽은 대화 상대에 대해 당신이 아는 것을 뜻한다. 그때 수면 아래로 들어가면 또 다른 수준의 관계, 즉 그 사람을 이해하는 수준으로 접어들게 된다. 그리고 사람들은 상대방을 이해하기 시작하면 그때부터 '우리'라는 말을 쓴다. '우리'는 서로 잘 알고 이해하는 관계니까. 그렇지 않은가? 따라서 누군가를 처음 만났을 때라도 이미 어느 정도 그 사람을 이해하고 좋은 관계를 맺었다고 간주하고 싶다면 바로 '우리'라는 지름길을 선택하도록 하라.

이와 함께 자연스럽게 사용할 수 있는 단어로는 '우리' '우리네' '저희' 등이 있다.

빛나는 비결 6 : 듣기와 질문하기의 힘

제3장에서 이야기했듯이, 질문은 적절히 잘 사용하면 다른 사람의 관심을 끄는 데 매우 좋은 수단이 된다.

'남에게 관심을 보이는 사람은 그 사람으로부터 관심을 받는다!'

개방형 질문과 폐쇄형 질문법을 열심히 연습하여 완전히 익혔다면 이제는 완전한 자신감으로 모든 사람 앞에서 말할 수 있도록 그 기술을 더욱 발전시켜야 할 때다. 대화에 어떤 질문이 이어져야 할지를 잘 이해한다면 그 자리에서 당신은 항상 빛날 것이다.

다시 한 번 강조하지만 훌륭한 질문을 던지려면 먼저 훌륭한 경청자가 되어야 한다.

신속한 해법

우리는 제2장에서 의사소통 과정을 살펴봤다. 삭제, 왜곡, 일반화가 어떻게 일어나는지 확인했고 우리가 늘 사용하는 여과 장치의 하나로 언어를 이야기했다. 사람은 과거의 사건을 다시 떠올리고 묘사할 때 이 세 가지 처리 과정과 각종 여과 장치를 적용한다. 그래서 예전 이야기를 다시 꺼낼 때 친구와 같은 곳에 갔으면서도 마치 딴 사람과 함께한 것 같은 기분을 느끼고, 정말 두 사람이 같은 시간에 그곳에 있었는지조차 의아하게 여기는 것이다!

물론 그 친구와 당신은 같은 장소에 있었다. 다만 서로 다른 관점에서 그 사건을 바라봤을 뿐이다.

사람은 어떤 상황을 이야기할 때 그 내용을 처음부터 끝까지 완전하게 설명하지 않는다. 우리는 기억 속의 조각들을 무의식적으로 선택하여 각자의 언어로 과거의 사건을 묘사한다. 여기서 다시 빙산 이야기로 돌아가 보자. 그때 우리가 사용하는 언어는 '수면 위쪽'에 존재한다고 생각할 수 있다. 거기서 더 많은 정보를 캐려면 제3장에서 언급했듯이 '수면 아래'로 들어가야 한다. 일단 여기서는 상대방의 언어가 우리를 수면 아래로 이끄는 나침반이라 여기고 집중해야 한다. 그러기 위해서는 두말할 필요도 없이 그 사람의 말을 잘 들어야 한다.

그때는 과연 무엇에 귀를 기울여야 하느냐? 바로 삭제 · 왜곡 · 일반화된 정보다. 그리고 그 정보는 질문을 던지기 위한 발판으로 활용해야 한다.

이 설명에 적합한 사례를 하나 들어다보자.

투자 자문사인 존은 새로운 고객과 상담을 하면서 주변에 왠지 모를 긴장감이 감도는 것을 느꼈다. 그는 그 고객에게 무슨 문제가 있는지 물었고 곧바로 이런 대답이 돌아왔다. "안타깝게도 말이죠, 저는 그렇게 쉬운 고객이 아닙니다. 제 눈에는 투자 자문사들이 고객들로부터 돈을 뜯어내려고 벼르는 것처럼 보이거든요."

존은 '송로버섯 찾기'를 시도하여 몇 년 전에 한 금융기관에서 어떤 투자 자문사의 잘못된 조언 때문에 그가 큰 손실를 입었다는 사실을 알아냈다. 그 후로 그 고객은 어떤 생각을 하게 됐을까? 결국 그는 당시의 경험을 모든 투자 자문사에게 일반화하여 적용했다.

존은 그 점을 파악한 후 다른 동업자들을 옹호하는 대신, '수면 아래'에 무엇이 있는지 알아내기 위해 그의 일반화된 생각에 관해 질문을 던졌다. 고객의 사고방식과 부정적인 관점이 과거의 한 사건에서 유래했음을 이해한 존은 단순하고도 효과적인 다음 공식을 따라 문제 해결에 착수하기 시작했다.

- 듣기 – 눈과 귀, 마음으로 들어야 함을 기억하라.
- 공감하기 – 상대가 어떤 기분을 느꼈을지 이해하고 공감을 표한다.
- 질문하기 – 해당 문제와 관련된 모든 정보를 확보하고 상대가 무엇을 원하는지 확실히 이해하도록 한다.
- 해결책 제시 – 상대의 욕구를 충족시키기 위한 해결책을 제시한다.
- 동의 구하기 – 그 시점 이후의 행동 방향을 이야기한다.

이 공식의 활용에 절대적으로 중요한 요소는 바로 상대의 욕구가 무엇이고 그 사람이 어떤 결과를 원하는지 아는 것이다. 거기에는 다 타당한 이유가 있다!

당신은 이런 상황을 경험해 본 적이 있는가? 곤란을 겪고 있는 친구를 위해 나름대로 괜찮아 보이는 해결책을 제시했을 때, 곧바로 '안 돼, 그건 효과가 없을 거야.'라거나 '이미 써 본 방법이야.'라는 대답이 돌아온 경우 말이다.

혹은 반대로 당신이 겪고 있는 어떤 문제를 누군가에게 이야기했을 때 그 사람이 그 자리에서 이런저런 해결책을 제시한 적이 있을지도 모른다. 아마 그때 당신은 '그냥 내가 알아서 하게 내버려 둬.' 혹은 '그런 방법은 필요 없어. 그냥 답답해서 해본 말이야.'라고 생각했으리라.

이런 경험을 해봤다면 당신은 직접 해법을 찾는 미사일이 되었거나 그 변신 과정을 목격한 것이다! 물론 그 뒤에는 아주 명확한 의도가 존재한다. 원래 사람은 다른 사람을 돕고 싶어 하는 본능을 가지고 있다. 흔히 우리는 남들이 나무만 보고 숲을 보지 못한다고 여기고, 자신의 번뜩이는 예지로 순식간에 해결을 위한 지름길을 찾아낼 수 있다고 생각한다.

그럴 때는 일단 말과 행동을 멈추고 그 사람이 원하는 것이 무엇인지 파악될 때까지 가만히 기다려라. 그런 다음에 적절한 해결책을 제시한다면, 당신은 주변 사람들에게 가장 사랑받는 인물이 될 것이다.

만약 당신이 영업 직종에 종사하고 있다면, 분명히 이 전략이 제품 판매를 위해 가장 효과적인 접근법임을 깨달았을 터이다. 하지만 정말 신기하게도, 영업 사원 중에서 이 비법을 활용하는 사람은 극소수에 불과하다!

존과 그의 고객이 이후에 어떤 대화를 나눴는지는 모르겠지만, 앞에서 소개한 공식을 제대로 활용했다면 그는 다음과 같이 이야기했을 것이다.

위와 같이 동의를 구하는 단계까지 도달하려면 상대의 말에 매우 집중해야 한다. 아래 표는 사람들의 주목을 받고 중요한 순간에 돋보이고 싶을 때 귀 기울여야 할 단어와 표현을 구체적으로 제시하고 있다.

	상대의 말 중에 포함된 표현	물을 것
1	가장/너무 더 좋은/최고 더 나쁜/최악 어려운/쉬운 좋은/나쁜	누가 한 말인가? 어떤 기준에서? 증거가 있는가? 비교 대상은 무엇인가?
2	명확하지 않은 명사	구체적으로 어떤 명사를 말하는가?
3	그들/그들 우리	우리는 구체적으로 누구를 지칭하는가?
4	명확하지 않은 동사	구체적으로 어떤 동사를 말하는가?
5	반드시 …해야 한다	그것을 하지 않으면 어떻게 되는가? 혹은 누가 한 말인가?
6	…하면 안 된다 할 수 없다 불가능하다	그것을 하면 어떻게 되는가? 혹은 방해 요소가 무엇인가?
7	항상/절대로 모두/전부 아무도 …않다	항상?(과장된 느낌으로) 혹은 한 적이 한 번도 없는가?

다음은 표에 나온 일곱 가지 항목의 예다.

1. '저 이탈리아 식당은 이 근처에서 최고예요.'

   '어떤 점에서 최고죠?' 혹은 '어디랑 비교해서요?'

2. '저 가게는 서비스가 정말 엉망이야.'

   '정확히 어떤 서비스를 말하는 거야?'

3. '저 사람들은 우릴 도울 생각이 전혀 없어요.'

   '누가 가만히 손 놓고 있는 거죠?' 혹은 '누굴 말하는 거예요?'

4. '그 여자는 날 완전히 무시해요.'

   '구체적으로 어떻게 무시한다는 건가요?'

5. '상황이 안 좋아요. 내일도 밤을 새워야 할 것 같군요.'

   '그러지 않으면 어떻게 되는데요?'

   혹은

   '그 파티에는 꼭 가야 해요.'

   '안 가면 어떻게 되죠?'

6. '아무래도 내가 원하는 일자리는 구할 수 없을 것 같아.'

   '안 되는 이유가 있어?'

   혹은

   '그녀에게 데이트 신청을 할 수가 없어.'

   '신청하면 어떻게 되는데?'

7. '여기 사람들은 아무도 나한테 고맙다는 말을 안 해요.'

   '아무도 안 해요?' 혹은 '누가 고맙다고 말한 적이 한 번도 없어
   요?'

   혹은

   '우린 항상 요리로 끝이 난다니까.'

   '항상?'

지금까지 이 책에서 소개한 다른 전략과 같이 이 방법 역시 편하게 받아들이고 사람들이 하는 말에 유심히 귀를 기울여라. 당신은 단순히 상대에게 전념함으로써 얻는 수많은 정보에 놀라움을 금치 못할 것이다.

빛나는 전략 7 : 자신감의 힘

그것 아는가? 당신은 모든 사람 앞에서 자신 있게 말하기 위한 전략을 충분히 터득했다. 즉, 지금 당신은 스스로 빛나는 데 필요한 준비를 모두 마친 셈이다. 이제 이 모든 지식과 기술을 행동으로 옮길 자신감만 덧붙이면 된다. 그리고 이럴 때 딱 맞는 좋은 말이 있다.

'직접 행동하는 것이 네게 필요한 자신감을 안겨 주리라.'

이제 얼마든지 낯선 사람을 만나고, 이성과 데이트를 하고, 면접을 보고, 까다로운 상황에 부닥쳐도 좋다. 부디 모두가 놀랄 만큼 큰 성공을 거두길!

끝으로, 넬슨 만델라의 연설문을 읽고 힘차게 전진하길 바란다.

우리가 가장 두려워하는 것은 우리의 무력함이 아닙니다.

우리가 가장 두려워하는 것은 헤아릴 수 없는 우리의 강인함입니다.

우리를 가장 위협하는 것은 우리 안의 빛이지 어둠이 아닙니다.

우리는 이렇게 자문합니다.

이리도 영특하고 아름다우며 유능하고 경이로운 나는 누구인가?

사실, 그렇지 않은 사람이 있습니까?

우리는 모두 신의 자녀입니다.

움츠러 들어서는 세상에 이바지할 수 없습니다.

주변에 큰 불안을 야기하지 않고자

물러서기만 한다면 그 어떤 가르침도 얻을 수 없습니다.

우리는 우리 안에 함께하는 신의 영광을 증명하기 위해 태어났습니다.

그 영광이 누구에겐 있고 누구에겐 없지 않습니다. 세상 모두에게 존재합니다.

우리 안의 빛을 밝히는 일은

다른 이들도 똑같이 빛을 밝히도록 무언의 신호를 전하는 것입니다.

그리고 스스로 두려움에서 벗어남으로써

우리의 존재는 사람들을 자유롭게 할 것입니다.

- 넬슨 만델라의 1994년 남아프리카공화국 대통령 취임 연설 중에서 -

간결한 말씀

초판인쇄 2013년 4월 5일
초판발행 2013년 4월 10일

지은이 팀 페런, 엠마 서전트
옮긴이 서종기
펴낸이 박찬후
편집 박기원
디자인 김은정

펴낸곳 북허브
등록일 2008. 9. 1

주소 서울시 구로구 구로2동 453-9
전화 02-3281-2778
팩스 02-3281-2768
e-mail book_herb@naver.com
http://cafe.naver.com/book_herb

*잘못된 책은 구입하신 서점에서 바꾸어 드립니다.

값 14,000원
ISBN 978-89-94938-09-7(13300)